AF450551

CENTRO CULTURAL SIRIACO
ANTIOQUENO MEXICANO

Editorial
NUN

<table>
<tr><td colspan="2" align="right">Catalogación de obra</td></tr>
<tr><td>Beggiani, Chorbishop Seely Joseph</td></tr>
<tr><td>San Efrén y los padres del desierto.
Teología siriaca temprana y liturgia maronita actual</td></tr>
<tr><td>1a. edición en castellano, 2020</td></tr>
<tr><td>ISBN: 978-607-98935-7-6</td></tr>
<tr><td>Editorial Notas Universitarias, S. A. de C. V.
Centro Cultural Siriaco Antioqueno Mexicano,</td></tr>
<tr><td>Impreso en la Ciudad de México</td></tr>
<tr><td>Formato: 15 × 21 cm</td></tr>
<tr><td>210 pp.</td></tr>
</table>

Editorial Notas Universitarias, S.A. de C.V.

Xocotla 17, Tlalpan Centro, alcaldía Tlalpan,
Ciudad de México, C. P. 014000

www.editorialnun.com.mx

Versión impresa 978-607-98935-7-6

Dirección editorial, diseño de portada e interiores: Miryam Meza Robles
Corrector de estilo: Mauricio Sanders Cortés
Edición: Felipe G. Sierra Beamonte

Impreso en México

San Efrén y los padres del desierto

Teología siriaca temprana y liturgia maronita actual

Seely Joseph Beggiani

Luis Xavier López-Farjeat
y Venancio Ruiz González
(*traductores*)

Fides et Ratio

A la memoria de mis padres, Joseph y Sada Beggiani

Índice

Prólogo

La conformación y desarrollo de la doctrina cristiana no hubiese sido posible sin las aportaciones teológicas y filosóficas de los padres de la Iglesia. La mayor parte de la literatura especializada en el cristianismo primitivo distingue dos ramas de la patrística: la griega, en la que destacan figuras como Clemente de Alejandría, Gregorio de Nisa y Orígenes, y la latina, con personajes como Agustín de Hipona o Tertuliano. Creer que solamente existe la patrística grecolatina es impreciso. También hay una patrística oriental, proveniente de culturas cristianas como la armenia, la copta y la siriaca. Varias iglesias orientales conservaron la tradición litúrgica siriaca, heredando como privilegio la cultura semítica de la que el cristianismo emergió. Un rasgo característico de dicha herencia es el uso litúrgico del siriaco, un dialecto casi idéntico al arameo galileo hablado por Jesús.

Al igual que en el cristianismo latino, la teología filosófica sistemática del cristianismo helenizado influyó sobre la tradición siriaca. Dicha influencia se suscitó a partir del siglo V y llegó a su punto más alto en el siglo VII. Este prólogo no pretende discurrir en detalle sobre las aportaciones filosóficas y teológicas de la tradición siriaca, que llegan a su maduración en el siglo XIII con la *Summa Theologica* de Bar Hebraeus, obispo de la iglesia ortodoxa siriaca. Más bien, el prólogo pretende reconstruir brevemente los orígenes de la iglesia maronita, una de las iglesias más representativas de la tradición siriaca.

En este libro, Seely Joseph Beggiani se concentra en el nexo entre la tradición litúrgica maronita y la teología siriaca. La tradición siriaca engloba distintas iglesias. Tras las controversias cristológicas suscitadas a partir del Concilio de Calcedonia (451), algunas iglesias que rechazaron la formulación doctrinal ahí establecida (Cristo encarnado como poseedor de dos naturalezas, una humana y otra divina) pasaron a ser conocidas como las iglesias no calcedonias. Actualmente son las iglesias ortodoxas orientales (pertenecientes a la tradición cristológica alejandrina representada por Cirilo de Alejandría) y la iglesia del Este (perteneciente a la tradición teológica antioquena, representada principalmente por Teodoro de Mopsuestia). Dentro de la misma tradición siriaca existen dos iglesias que sí reconocieron el Concilio de Calcedonia: la iglesia melquita y la iglesia maronita. Mientras que la iglesia melquita utiliza como lengua litúrgica el griego y el árabe y sigue el rito antioqueno constantinopolitano, la iglesia maronita ha conservado la lengua siriaca y su rito sirio-antioqueno atesora rasgos de la temprana cristiandad de Medio Oriente.

La figura de san Marón, fundador de la iglesia maronita, es llamativa porque representa a la tradición siriaca cristiana anterior a las controversias de Calcedonia (Marón murió en el 410 y Calcedonia tuvo lugar en el 451). San Marón practica un cristianismo centrado en el ascetismo y la espiritualidad, en los símbolos ritualistas que reviven la comunión y el sacrificio de Cristo. Su cristianismo es, por decirlo de alguna manera, un "cristianismo en estado puro" centrado, esencialmente, en la oración, la austeridad, el trabajo y la virtud. No existen fuentes suficientes para reconstruir su biografía. La obra que más datos aporta al respecto es la *Historia de los monjes de Siria*, escrita aproximadamente en el 440 por Teodoreto de Ciro, el teólogo más destacado de la escuela de Antioquía y obispo, como su nombre lo indica, de la ciudad de Ciro (situada a unos 70 kilómetros de Alepo).

La única manera de trazar las principales características de la espiritualidad de san Marón es relacionando los escasos datos que aporta Teodoreto con las descripciones que nos ofrece de otros monjes, algunos de ellos cercanos a san Marón y sus discípulos.

Teodoreto menciona que, a diferencia de otros monjes de la zona que se habían instalado en cuevas Marón vivía a la intemperie. Había levantado una pequeña tienda que pocas veces usaba, pues eligió por techo al cielo. Ni el clima adverso le hacía resguardarse. Yaacoub de Cyrrhestica fue, según lo registra Teodoreto, discípulo de Marón alrededor del año 390. Sobre él redacta:

> [Yaacoub de Cyrrhestica era] un compañero del gran Marón, aprendiz de sus divinas enseñanzas, y había eclipsado a su maestro por trabajos aún mayores. Pues Marón tenía por recinto un cercado que antes perteneciera a los infieles. Ahí levantó una tienda de pieles velludas, y la usó para resguardarse de los asaltos de la lluvia y la nieve. Pero, dejando de lado todas estas cosas, tienda, choza y cercado, [Marón] tenía por tejado al cielo, y podía ser azotado ahora por los golpes del aire, ahora inundado por la lluvia torrencial, o congelado por el hielo y la nieve; en otras ocasiones era quemado y consumido por los rayos del sol, pero no dejaba de ejercitar su resistencia frente a todo (XXI, 3).

Teodoreto también narra la historia del viejo Simeón, otro monje sirio que inspiró a Marón a vivir a la intemperie:

> Por cierta necesidad, se encontraban unos hombres viajando hacia uno de los fuertes ubicado fuera de la región que habitábamos. Entonces cayó una lluvia torrencial. Una tormenta feroz les golpeó y perdieron la ruta sin ser capaces de ver lo que había delante de ellos. Caminaron entonces sin rumbo por el desierto y sin encontrar pueblo ni viajero alguno. Arrojados por la tormenta a plena tierra como aquellos que van en un barco, se encontraron, como si hubieran llegado a puerto, con la cueva del divino Simeón, y vieron a un hombre sucio y

desaliñado que tenía sobre sus hombros una capa rota de pelo de cabra. En cuanto él los vio, les dio cortésmente la bienvenida y les preguntó por la causa de su visita. Le contaron todo nuevamente y le pidieron que les dijera cuál era el camino que llevaba hasta el fuerte. "Esperen —dijo— y les podré dar unos guías inmediatamente, para que les muestren el camino que ustedes desean." Hicieron como les dijo y tomaron un descanso. Mientras estaban ahí sentados, aparecieron dos leones que no se veían feroces sino mansos para su amo, pero intimidantes con sus servicios; con un gesto les ordenó entonces que escoltaran a los hombres y les dirigieran hasta el camino que habían abandonado cuando perdieron su rumbo (VI, 2).

Teodoreto confiesa que Yaacoub le contó cómo este milagro inspiró a Marón. La conclusión es clara: hemos de confiar en la guía de Dios, por fuerte que sea la tormenta. Precisamente esto hizo Marón. Por extraño que parezca, la vida a la intemperie atrajo a muchos monjes, como Talasio, Limneo y Juan. Escribe Teodoreto:

Desde una temprana edad [Limneo] ingresó en la escuela monacal y recibió una fina educación. Desde el inicio, conociendo cuán traicionera puede ser la lengua, se impuso una norma de silencio siendo aún adolescente; así, se mantuvo la mayor parte del tiempo sin dirigir la palabra a nadie. Cuando recibió la suficiente instrucción del divino viejo y quedó marcado por su virtud, se acercó al gran Marón, del que hablé ya antes. Y [se acercó a Marón] al mismo tiempo que el divino Yaacoub. Tras obtener muchos beneficios de [sus enseñanzas] y habiendo hecho suya la vida a la intemperie reparó otra cima de monte que quedaba por encima del pueblo llamado Targalla (XXII-III, 2).

Domnina, mujer asceta que vivió en la parte sur de Ciro, también siguió el ejemplo de Marón: "Emulando la vida de Marón el inspirado, a quien hemos mencionado anteriormente, la magnífica Domnina levantó una pequeña choza en el jardín de la casa de su madre; su choza estaba hecha de tallos de mijo" (XXX, 1).

Marón fue, pues, un asceta ejemplar. De acuerdo con las descripciones de Teodoreto, y como detallan estudios como *La oración y la vida espiritual de los padres siriacos* de Sebastian Brock (Cistercian Publications, Michigan, 1987) o *Teodoreto de Ciro y el monasterio de san Marón* de Paul Naaman (Kaslik, Líbano, 1987), la vida monacal siria se caracterizaba por el cenobitismo o vida en comunidad y por el anacoretismo o vida en soledad. Aunque podrían parecer dos formas de vida contradictorias, no lo son. Los monjes vivían en comunidad y el apostolado era parte fundamental de su actividad, como también lo eran la oración y la meditación. La ascética de estos monjes requería, en efecto, del silencio y la soledad. Sin embargo, no debe entenderse que la soledad supone el aislamiento absoluto de la comunidad. Se trata, más bien, de la soledad interior. Esta "soledad interior" no es sino un repliegue hacia el corazón de uno mismo, es la búsqueda silenciosa de Dios en lo más profundo de nuestras almas.

Según Teodoreto, Marón vivió en esa soledad. Se alejó a una de las montañas cercanas a la diócesis de Ciro y adaptó las ruinas de un templo pagano como un sitio para orar. Llevó una vida aún más austera que la de otros monjes y, relata Teodoreto, dado que Dios midió su gracia de acuerdo con sus méritos, fue muy generoso y le otorgó el gran don de la curación. En efecto, gracias a este don, la fama de Marón circulaba por doquier atrayendo a gente de todos lados. Escribe Teodoreto: "Uno podía ser testigo de cómo las fiebres se apagaban con el rocío de su bendición, detenía los escalofríos, derrotaba a los demonios, curaba toda clase de enfermedades con un único remedio: la oración. Si bien los médicos eran capaces de recomendar el remedio más adecuado, el santo les proporcionaba el antídoto definitivo: la oración". Sigue Teodoreto: "[Marón] no sólo curaba las dolencias corporales, sino que también aplicaba tratamientos para el alma si así se requería: al avaro le enseñaba de justicia, al iracundo el autocontrol, a uno le ayudaba a corregir la intemperancia y a otro la pereza". Según los testimonios de Teodoreto, Marón creía en las palabras proféticas, pues solía repetir esta máxima: "El hombre recto florecerá como el árbol de palma, y se multiplicará como el cedro de Líbano".

Con todo y el don de curar, Marón enfermó y murió, como lo cuenta Teodoreto. "Se suscitó una amarga guerra entre sus vecinos que se disputaban su cuerpo. Uno de los pueblos allegados y que contaba con una gran población llegó en masa, echando a los demás. Y se hicieron así del tres veces codiciado tesoro construyendo un gran santuario del que siguen obteniendo beneficios hasta estos días" (XVI, 4).

Las referencias a Marón que encontramos en la *Historia de los monjes de Siria* se refieren sobre todo a sus virtudes personales. Sin embargo, es oportuno reconocer la complejidad del entorno y las tensiones existentes entre las comunidades cristianas. De este modo, es posible comprender cómo fue que los herederos de la espiritualidad y el ascetismo de san Marón fueron construyendo una identidad, una teología filosófica, una sociedad y una nación. Marón nunca tuvo la intención de fundar una Iglesia. Tampoco se mostró interesado en construir una teología sistemática. Le importaban la oración y la meditación. Sin embargo, las discusiones calcedonias hicieron que los seguidores de Marón se acercaran a la teología filosófica, dando lugar a una tradición patrística que combinó de manera extraordinaria la espiritualidad y el simbolismo con la teología filosófica.

Los primeros años de cristianismo fueron especialmente difíciles por la variedad de controversias que surgieron. San Marón vivió aproximadamente entre el año 335 y el 410, cuando ya hay resoluciones definitorias del dogma cristiano, como las del Concilio de Constantinopla (381). El ambiente en el que vivió Marón era bastante conflictivo. Los primeros cristianos enfrentaron diversos problemas teológicos. Entre muchos otros, discutieron a fondo la naturaleza de Cristo. Los debates derivaron en diversas posturas: la nestoriana, la monofisita, la jacobita, la monotelita. Estos grupos se distanciaron de la Iglesia católica. Algunos, especialmente los nestorianos, vivían en Antioquía, Persia y Mesopotamia.

Existieron herejías trinitarias como las de Arrio y Sabelio, cristológicas como las de Pablo de Samosata y Eutiques. Las dos herejías más refutadas fueron el arrianismo y el monofisismo. En el siglo

III, Arrio de Alejandría negó la divinidad de Jesús. Los concilios de Nicea (325) y Constantinopla (381) rechazaron esta posición, denominada "arrianismo". Poco tiempo después, Eutiques de Constantinopla negó la humanidad de Jesús, afirmando que su naturaleza era sólo una, la divina. Esta herejía, llamada "monofisismo", se descartó en el Concilio de Éfeso (431) y el de Calcedonia (451).

El maronismo emerge y se desarrolla en medio de estas disputas teológicas características de los siglos III, IV y V. A los enfrentamientos religiosos se sumó la tensa relación política entre Constantinopla, Antioquía y Alejandría, las tres grandes metrópolis de ese entonces. En Antioquía, donde se habían establecido los monjes maronitas, se combinaban la cultura griega y la aramea. Las distintas vertientes teológicas y la diversidad ideológica de ese momento hicieron que la joven Iglesia católica se mantuviera firme en el Concilio de Calcedonia: en la única Persona de Jesús hay dos naturalezas distintas, la divina y la humana.

Teodoreto de Ciro reconoció el compromiso de los maronitas con el Concilio de Calcedonia. Para apoyarlos, promovió en 452 la fundación del monasterio de San Marón, en Apamea, con la ayuda del emperador Marciano y el papa León Magno. Es entonces cuando varios monjes se reúnen en ese lugar, cuna del rito maronita de la Iglesia católica. El ritualismo, la simbología y la espiritualidad son esenciales en la tradición maronita. Ello se debe a que su impulsor fue un monje que se entregó a la oración en plena tormenta. No obstante, también han de reconocerse las aportaciones teológicas de los primeros seguidores de san Marón. Entre esos primeros maronitas es notable la figura de san Efrén el Sirio, un entusiasta de la vida monástica en la Siria del siglo IV.

Aunque la teología de san Efrén es poética, está repleta de conceptos filosóficos (véase el trabajo de Ute Possekel: *Evidence of Greek Philosophical Concepts in the Writings of Ephrem The Syrian*, Lovaina, 1999). Sin embargo, lejos de discutir el concepto de *hipóstasis*, por ejemplo, desde la metafísica de la sustancia, san Efrén defiende la unidad de la Persona de Cristo y su doble naturaleza con un lenguaje sobrio, bello, sencillo, accesible y, sobre todo, persuasivo. Ésa es la tónica de los padres de la tradición siriaca. En los *Opúsculos maronitas* aparece un ejemplo ilustrativo tomado de los *Himnos y sermones* de san Efrén. Al tiempo que los teólogos discutían el sentido de la noción filosófica de hipóstasis, en los padres siriacos podemos encontrar explicaciones como la siguiente: "Mientras que la humanidad de Cristo era visible a través de sus acciones; su divinidad lo era a través de sus notables prodigios. Ello, a fin de que se vislumbrara que [Cristo] no tenía únicamente una naturaleza humilde o una naturaleza sublime, sino que, [en realidad], poseía definitivamente las dos: la humilde y la sublime unidas entre sí" (*Opuscules Maronites* I, París, 1899). Debemos descripciones como la anterior a la patrística siriaca.

A lo largo de las siguientes páginas, el lector podrá adentrarse en la cosmovisión semítica y bíblica de la teología siriaca temprana. Esta obra de Beggiani tiene un doble propósito. El primero es ofrecer una síntesis sistemática de la teología de san Efrén, en la cual se incluya el pensamiento litúrgico de Jacobo de Sarug. Con humildad, Beggiani se muestra consciente de que, si bien sus esfuerzos de sistematización son parciales, contribuyen al logro de su segundo propósito: mostrar cómo subsiste en la tradición litúrgica maronita la expresión teológica de estos autores siriacos tempranos.

Luis Xavier López-Farjeat
Venancio Ruiz González

Prefacio

El pluralismo promovido actualmente por la Iglesia católica refleja una diversidad de cosmovisiones similar a la que existía en sus orígenes. Tanto las iglesias orientales como la iglesia occidental son representantes patentes de las culturas y de las cosmovisiones de los pueblos de los primeros siglos después de Cristo, siendo los primeros que respondieron a los Evangelios. El desarrollo de la teología dentro de cada una de estas diferentes tradiciones tiene su propia historia, influida por factores y eventos tanto externos como internos.

Como su título lo sugiere, esta obra tiene un doble propósito. Comenzó siendo un proyecto para formular una teología siriaca temprana, específicamente en torno a san Efrén y a Jacobo de Sarug. Si bien la literatura siriaca puede rastrearse hasta siglos más tempranos, en los escritos de san Efrén tiene lugar el pleno florecimiento de una teología siriaca integral. La teología siriaca temprana tenía una cosmovisión semítica y bíblica. Aunque era conocedora de la cultura y filosofía griegas, en un primer momento se mantuvo distante de la influencia griega.

Antes que nada, esta obra ofrece una síntesis completa pero concisa de la teología de san Efrén. Este trabajo sostiene que Efrén tuvo una cosmovisión coherente de todos los aspectos del plan de la salvación, como lo afirma consistentemente en muchos de sus escritos. A su vez, esta obra incluye el pensamiento teológico litúrgico de Jacobo de Sarug. Aunque Jacobo escribió muchas décadas después de Efrén, éste influyó profundamente en sus ideas, por lo cual con frecuencia reflejan su cosmovisión. En ocasiones, Jacobo intentó reconciliar el pensamiento de Efrén con las teorías griegas sobre el cosmos. Sin embargo, las ideas griegas en torno a la creación y a la antropología no tuvieron impacto en el pensamiento de Jacobo, salvo en su cristología, que podría describirse como ciriliana.[1] Como nuestro interés se centra en la teología litúrgica, no trataremos aquí la controversia sobre la ortodoxia de Jacobo de Sarug. Le consideramos como quizá el último gran representante de la literatura religiosa siriaca, antes de sufrir la influencia del pensamiento griego. Conforme esta investigación avanzaba, fue evidente que la liturgia maronita, ya sea por coincidencia o por influencia histórica directa, reflejaba ampliamente los temas desarrollados por Efrén y por Jacobo de Sarug. El segundo propósito de esta obra es mostrar cómo puede delinearse una teología maronita a través de citas de la liturgia maronita.

Salvo indicación en contrario, las citas de la liturgia maronita utilizadas en este libro provienen de *Lectionary: Syriac-Maronite Church; The Seasons* (Detroit, Diocese of St. Maron, 1976); *Qurbono: The Book of Offering* (Brooklyn, Saint Maron, 1994); *Anaphora Book of the Syriac Maronite Church of Antioch* (Youngstown, Diocese of St. Maron, 1978); *Fenqitho: A Treasury of Feasts According to the Syriac Maronite Church of Antioch* (Youngstown, Diocese of St. Maron, 1980); *The Prayer of the Faithful According to the Liturgical Year* (Brooklyn, Diocese of St. Maron, 1985); *Mysteries of Initiation: Baptism, Confirmation, Communion: According to the Maronite Antiochene Church* (Brooklyn, Diocese of St.

---

[1] Tanios Bou Mansour, *La théologie de Jacques de Saroug,* Vol. 1, *Création, anthropologie, ecclésiologie et sacraments,* Kaslik, Líbano, Université de Saint-Esprit, 1993, p. 306. Benham M. Boulos Sony observa que los grandes temas antropológicos griegos apenas y aparecen en el pensamiento de Jacobo; Sony, "L'anthropologie de Jacques de Saroug", *Parole de l'Orient,* núm. 12, 1984-1985, pp. 153-185, en 185.

Maron, 1987); *The Mystery of Crowning: According to the Maronite Antiochene Church* (Brooklyn, Diocese of St. Maron, 1991); *Book of Offering: According to the Rite of the Antiochene Syriac Maronite Church* (Brooklyn, Eparchy of St. Maron of Brooklyn, 2012).

***

Históricamente, los orígenes de la iglesia maronita pueden rastrearse hasta la Siria antigua, a lo que seguiría su posterior establecimiento en Líbano. Jurídicamente está sujeta a la sede de Antioquía. Por su parte, el desarrollo de la tradición litúrgica maronita es más complejo. Como mostraremos, tanto la liturgia maronita como la tradición antioquena podrían compartir sus orígenes en el antiguo rito de Edesa. Sin embargo, la liturgia maronita posterior tuvo modificaciones por influencias latinas.

La dificultad para construir una teología maronita radica en la escasez de fuentes propiamente teológicas. Hasta hace años recientes, las obras teológicas disponibles solían ser adaptaciones o traducciones de obras en latín traducidas al siriaco o al árabe. La latinización de la iglesia maronita comenzó con las Cruzadas, y se tornó más intensa al comienzo del siglo XVI. Por otro lado, de existir obras teológicas maronitas escritas antes del periodo latino, éstas no han sobrevivido. Al intentar formular una teología maronita, uno no puede acceder a fuentes específicamente teológicas sino que, más bien, han de examinarse los ricos tesoros contenidos en la liturgia y el oficio divino.

De hecho, uno de los elementos especiales del culto maronita es la "oración del incienso" (*sedro* o *hoosoyo*), que suele expresar teológicamente o bien los eventos de la historia de la salvación, o bien el significado de los sacramentos/misterios que se celebran.

Aunque la liturgia maronita fue latinizada, un estudio cuidadoso revela que estas latinizaciones fueron primordialmente accidentales y ajenas. El contenido de los misales maronitas antes de las reformas que siguieron al Concilio Vaticano II refleja la antigua cultura siriaca. Si bien el rito del bautismo antes de la reforma incluye evidentes latinizaciones, su contenido refleja el pensamiento de Jacobo de Sarug. Su anáfora para la bendición del agua bautismal refleja la práctica antigua.

Aunque este trabajo no analiza manuscritos ni pretende ser o estudio de los textos de la liturgia maronita a lo largo de la historia, sí parte del supuesto de que la liturgia maronita actual constituye una fiel representación de la tradición siriaca de Efrén y de Jacobo de Sarug.

Los autores siriacos que aquí estudiamos no se expresaron a través de especulaciones racionales ni de sistematizaciones, más bien lo hicieron por medio de paradojas y recurriendo a una gama de tipologías y símbolos bíblicos. Dadas sus raíces judeocristianas, su teología fue fundamentalmente bíblica, tanto en pensamiento como en expresión. Sidney Griffith ofrece importantes observaciones en torno al modo en que Efrén se aproxima a la teología. Subraya que Efrén no pretendía elaborar una teología sistemática semejante a la de los padres griegos o a la de los escolásticos. Muchos de sus escritos fueron redactados para ocasiones específicas o para cumplir deberes pastorales. Con frecuencia, aparecían en contextos litúrgicos. La clave de los escritos de Efrén es "un estilo poético con dicción siriaca, junto a una técnica narrativa alusiva en carácter y elíptica en expresión. Apunta a diversos aspectos de una cuestión discutida, asumiendo que el público está familiarizado con ella, y aludiendo a historias y motivos de las Escrituras a partir de términos que san Efrén considera que aclararán la discusión. Sin embargo, presupone que el lector conoce la Biblia, y que bastará hacer referencia a un pasaje de las Escrituras o a un acontecimiento de la historia bíblica para evocar toda una perícopa".[2]

---

[2] Sidney H. Griffith, "'Faith Seeking Understanding' in the Thought of St. Ephraem the Syrian", en *Faith Seeking Understanding: Learning and the Catholic Tradition*, editado por George C. Berthold, Manchester, N.H., St. Anselm College Press, 1991, pp. 37-38.

Sidney Griffith va más lejos, cuando afirma que Efrén tenía una aproximación lingüística siriaca distintiva al momento de hacer teología y al concluir artículos de fe. La aproximación de Efrén no es académica, pero empleaba géneros literarios populares de la devoción religiosa. Se apoya en un amplio uso de las Escrituras y de analogías con la naturaleza. De acuerdo con Griffith, Efrén pensaba que en la "metodología académica de su tiempo [...] era un error si de ella se esperaba derivar información sobre Dios". En lugar de recurrir a la investigación, a la indagación o a las disputas, uno debería permanecer en el silencio y en la fe. El principal propósito del discurso humano es alabar a Dios.[3]

Griffith concluye que, si bien Efrén no empleaba el pensamiento especulativo para clarificar las verdades de la fe, ello no implica que no deseara un conocimiento más profundo. "De hecho, buscó que los misterios se iluminaran entre sí, convirtiéndolos en objeto de una meditación extensa a través de versos y canciones, a partir de un estilo contemplativo, que era el modo predilecto en la vida intelectual de las personas de habla siriaca, siendo que el genio de su lenguaje encontró su expresión más natural en géneros literarios que estimaban el asombro por encima del análisis prosaico."[4]

A la luz de lo anterior, nuestros esfuerzos por sistematizar el pensamiento de Efrén y de Jacobo de Sarug sólo pueden ser parcialmente exitosos. El uso de categorías como Dios, creación, revelación y encarnación no es siempre adecuado para esta tarea pues suelen traslaparse, pero las usamos por conveniencia. Frecuentemente, cuando el pensamiento de nuestros escritores desafía la sistematización, se recurre a citas o paráfrasis extensas.

Esta edición revisada no es exhaustiva. Incluye aclaraciones importantes en el prefacio, así como material adicional en torno a algunos de los temas teológicos aquí tratados, así como nuevas citas

---

[3] Ibid., pp. 39-41, 43-45.
[4] Ibid., p. 50.

de la liturgia maronita. Asimismo, presenta más evidencia de que la tradición maronita es consistentemente representativa de la expresión teológica de los escritores siriacos tempranos.

El autor desea expresar sus agradecimientos al reverendísimo Gregory Mansour, obispo de la eparquía de san Marón en Brooklyn, por su aliento y apoyo.

Finalmente, dirijo un reconocimiento a los siguientes autores y editores por autorizar el uso de materiales sujetos a derechos de autor:

- A la Catholic University of America Press, por permitirme usar *St. Ephrem the Syrian: Selected Prose Works*, traducido por Edward G. Mathews Jr. y Joseph P. Amar, editado por Kathleen McVey (1994).
- Al reverendísimo Gregory Mansour, obispo de la eparquía de san Marón en Brooklyn, por autorizar el uso de *Lectionary: Syriac-Maronite Church*; *The Seasons* (1976); *Anaphora Book of the Syriac Maronite Church of Antioch* (1978); *Fenqitho: A Treasury of Feasts According to the Syriac Maronite Church of Antioch* (1980); *The Prayer of the Faithful According to the Liturgical Year*, 3 Vols., traducido de *Prière du croyant selon l'année liturgique maronite*, editado por Boutros Gemayel (1985), y *Qurbono: The Book of Offering* (1994).

Introducción

Al formular esta investigación sobre la teología siriaca, nuestro estudio se dirige al cuerpo de pensamiento cultivado dentro de la cultura y lengua siriacas. No obstante, el mundo siriaco no fue homogéneo. Se extendió desde Antioquía hasta Nísibis y las regiones orientales. Antioquía fue un centro de cultura griega cuyo sustrato era siriaco; Nísibis y Oriente estaban embebidos en el judeocristianismo y en antiguas creencias persas.

Sebastian Brock indica que en los albores de la era cristiana se desarrollaron varios dialectos a partir del arameo, de los que el siriaco constituiría el dialecto local de Edesa y su provincia de Osroena. El siriaco alcanzaría el estatus de una lengua literaria, al ser adoptado como vehículo para la propagación del cristianismo en Oriente.[1]

Robert Murray describe la "era siriaca" como si ésta hiciera referencia al norte de Mesopotamia y Adiabene, la provincia oriental. También indica que un gran número de investigadores afirma que Edesa fue la "cuna del cristianismo siriaco". El cristianismo siriaco se manifiesta en sus orígenes como un cristianismo profundamente

---

[1] Sebastian Brock, "Greek into Syriac and Syriac into Greek", *Journal of the Syriac Academy*, núm. 3, 1977, p. 1.

judío, aunque gran parte de la literatura siriaca contiene escritos antisemitas. Murray concluye describiendo el cristianismo de Afraates y de Efrén como un "movimiento disidente dentro de la comunidad judía de Adiabene".[2] Si bien la región siriaca de los siglos IV y V conformó un todo étnico y geográfico, ésta se dividió culturalmente en dos segmentos. Por un lado, Siria occidental era bilingüe, y en sus núcleos de población se hablaban tanto el siriaco como el griego, bajo el influjo de la cultura helenística. Mientras Antioquía tuvo una gran influencia como centro del helenismo, las zonas rurales se resistieron a esta influencia y conservaron en gran medida su cultura semítica.

Por otro lado, Siria oriental conservó su tradición semítica y se resistió a la influencia griega. Entre los segmentos oriental y occidental se encontraba la provincia de Osroena y su capital, Edesa. Aunque la escuela de Edesa estaba orgullosa de su cultura siriaca, tradujo al siriaco muchas obras de filosofía griega.[3]

Si bien Platón puede encontrarse en siriaco principalmente a través de una serie de dichos apócrifos transmitidos bajo su nombre, gran parte de Aristóteles fue traducido al siriaco antes de ser traducido al árabe. Porfirio es conocido en siriaco gracias a su introducción al *Organon*.[4]

Afraates y Efrén: herederos del judeocristianismo

Como ya se indicó, autores como Afraates y Efrén surgieron de un contexto judeocristiano, siendo éste la principal influencia en su pensamiento. Si se buscan fuentes específicas, las únicas seguras son las Sagradas Escrituras. Robert Murray hace notar que si Afraates tuvo

---

[2] Robert Murray, *Symbols of Church and Kingdom*, Cambridge, Cambridge University Press, 1975, pp. 5-8.

[3] Gabriel Khouri-Sarkis, "Introduction aux églises de langue syriaque", *L'Orient Syrien* núm. L, 1956, pp. 7-8.

[4] Brock, "Greek into Syriac", p. 7.

algún libro además de la Biblia, éste probablemente hubiera sido una traducción al siriaco de la *Didascalia*.[5]

Al parecer, como exegeta san Efrén fue influido por una aproximación midrásica y por una práctica hermenéutica de orígenes judíos. Al tratar temáticas del Antiguo Testamento, exhibe características haggádicas. Sin embargo, también representa a la escuela antioquena de interpretación de la Escritura, que se aproximaba a ésta por la *theoria*.[6] A su vez, distingue entre los sentidos literal y escritural.

El establecimiento de tradiciones eclesiásticas y litúrgicas separadas

En múltiples áreas del mundo cristiano, la diversidad de culturas y de costumbres derivó en el establecimiento de diferentes iglesias. Las culturas locales más desarrolladas fueron el vehículo de tradiciones sofisticadas. A su vez, las ciudades "sede" que se proclamaban a sí mismas como apostólicas, y que se localizaban en grandes centros urbanos de administración civil, se proclamaron como sedes del gobierno eclesiástico. Es precisamente en estas áreas donde varios patriarcados se desarrollaron.[7] Algo similar aconteció en la región siriaca.

Robert Taft indica que la liturgia de Oriente nunca conoció la separación entre espiritualidad, teología y eclesiología. Por otro lado, las diferencias a nivel de la cultura y de las costumbres necesariamente influirían en el culto. Gabriel Khouri-Sarkis observa que la liturgia es la expresión viva y el alma de los pueblos que oran. Para estos pueblos, cumple una función integradora de sus tradiciones y sus necesidades afectivas, morales e intelectuales.[8] La conformación de la iglesia de

---

[5] Murray, *Symbols,* p. 337.

[6] Tryggve Kronholm, *Motifs from Genesis 1–11 in the Genuine Hymns of Ephrem the Syrian,* Upsala, Almqvist and Wiksell, 1978, pp. 26-27.

[7] Robert Taft, "The Continuity of Tradition in a World of Liturgical Change: The Eastern Liturgical Experience", *Seminarium,* núm. 27, 1975, pp. 451-452.

[8] Khouri-Sarkis, "Introduction", p. 8.

Oriente y de la iglesia ortodoxa siria también fue un factor que influyó en el establecimiento de las diversas iglesias y tradiciones litúrgicas.[9]

Desde el punto de vista de la historia litúrgica, William Macomber ha teorizado que, alrededor del año 400, la situación litúrgica de la región siriaca se caracterizaba por la presencia de al menos tres ritos, centralizados en Antioquía, Jerusalén y Edesa. La lengua de los primeros era el griego; del otro, el siriaco. Mientras que el rito de Jerusalén se limitó principalmente a Palestina, podía encontrarse el rito de Antioquía en las ciudades de habla griega de Siria e incluso en Laodicea y Mopsuestia. El rito de Edesa se usaba en las regiones de habla siriaca de Siria, donde tuvo lugar un desarrollo interesante con referencia a los partidarios de Nestorio y de la iglesia persa. Los seguidores de Nestorio, ya fuera por exilio voluntario o forzado, predicaron a través de Mesopotamia y Osroena, así como en el este y el norte de Siria. Cuando la escuela de Edesa, donde se instruía la clerecía persa de más alto rango, aceptó la postura nestoriana, la mayor parte de Mesopotamia y de la iglesia de Persia se separó, abandonando la comunión con Constantinopla para constituir la iglesia de Oriente.

De este modo, quienes no aceptaron el Concilio de Éfeso se concentraron en las áreas griegas y siriacas de Siria, aunque sólo fueron capaces de organizarse eclesiásticamente en el imperio persa. En tanto que la iglesia persa estaba muy centralizada, la forma del rito edesiano practicado en Iraq no tardó en imponerse por doquier en la iglesia de Oriente.[10]

William Macomber describe el rito caldeo como si fuera producto de una fusión del judeocristianismo con las culturas asirio-babilónica e iraní. Su lenguaje litúrgico, sus categorías de pensamiento y su imaginería eran muy cercanos a los de los judíos de Mesopotamia.

---

[9] *Ibid.*, pp. 8-16.

[10] William Macomber, "A Theory on the Origins of the Syrian, Maronite, and Chaldean Rites", *Orientalia Christiana Periódica*, núm. 39, 1973, pp. 238-239.

Su principal anáfora (oración eucarística) incluía el nombre de los apóstoles Addai y Mari.[11]

Los seguidores de Jacobo Baradai, que llegarían a ser reconocidos como la iglesia ortodoxa siria, influyeron en gran medida en la tradición litúrgica de Antioquía. Entre quienes rechazaron el Concilio de Calcedonia se encontraban provincias enteras del este y del oeste de Siria, especialmente aquellas que hablaban siriaco y no habían adoptado la cultura helenística. Hubo gran agitación en dicha región durante más de un siglo.[12] Como resultado, aunque existía la tendencia de uniformar el rito de Antioquía, este anhelo no pudo lograrse durante muchos siglos. William Macomber especula que esto podría explicar por qué algunos elementos característicamente maronitas pueden encontrarse en ciertos manuscritos antiguos de origen jacobita.[13]

Entre los procalcedonios que lograron conservar su identidad en la región de la segunda Siria, se encontraban los monjes del monasterio de san Marón, cerca de la ribera del río Orontes, así como las personas que gravitaban alrededor de ellos o que vivían en sus tierras. Eran calcedonios de habla siriaca que, en cierto momento, lograron organizar con éxito una jerarquía independiente. De acuerdo con Macomber, a nivel litúrgico lograron conservar y desarrollar el antiguo rito siriaco de Edesa. En la tradición maronita, esta anáfora recibe el nombre de *Tercera anáfora de san Pedro* o *Sharar*. Según Macomber, en otras oraciones de la misa, en partes del rito bautismal y en los himnos del oficio divino también aparecen elementos de este rito edesiano común.[14]

---

[11] Macomber, "A History of the Chaldean Mass", *Worship, núm.* 51, 1977, pp. 107-110.

[12] Khouri-Sarkis, "Introduction", pp. 16-17.

[13] Macomber, "Theory on the Origins", pp. 239-240.

[14] *Ibid.*, p. 241; Macomber, "History", pp. 110-111; véase también Irénée-Henri Dalmais, "L'héritage antiochien de l'église maronite", *Melto,* núm. 3, 1967, p. 64.

En lo que concierne a la textura litúrgica de la región siriaca, Macomber concluye que el rito siriaco es básicamente el mismo que el de Antioquía, si bien su estructura anafórica fue adoptada del rito de Jerusalén, mientras que sus himnos métricos fueron adoptados o inspirados por aquéllos de Edesa. Los ritos maronita y caldeo, por su parte, en su origen constituyen desarrollos independientes del antiguo rito edesiano. Subsecuentemente, el rito maronita adoptó el rito sirio en buena medida.[15]

En cuanto al nivel sociopolítico de los maronitas, aunque estuvieron rodeados por una mayoría ortodoxa siria, afirmaron la fe de Calcedonia, la difundieron y la preservaron a través de la fuerza. Al contar con el favor y el apoyo del ejército del Imperio, los maronitas extendieron su campo de acción llegando incluso a Mesopotamia, Osroena y a la provincia del Éufrates. Sin embargo, las invasiones árabes cambiaron su fortuna, y abandonaron la segunda Siria en gran número, refugiándose en las montañas al norte de Líbano.[16]

---

[15] Macomber, "Theory on the Origins", p. 242.
[16] Khouri-Sarkis, "Introduction", pp. 23-25.

I

El ocultamiento de Dios

En todas las tradiciones religiosas, incluyendo la católica, la historia de la experiencia religiosa ha sido un intento por afirmar el carácter inasible de lo sagrado que es Dios, afirmando al mismo tiempo que lo divino está dentro de la creación y de la propia existencia humana. En las tradiciones que creen que Dios realmente se ha manifestado a sí mismo en la revelación y que por gracia mantiene una constante presencia en la creación, en ocasiones se tiende a actuar como si la distinción radical entre Dios y la humanidad hubiera sido superada. Aunque la creación y la revelación manifiestan lo divino, no por ello disminuyen en modo alguno su misterio. Por ende, sigue siendo también necesaria la afirmación del misterio esencial de Dios. Esta convicción fue característica de la tradición judía, y se conservó en el judeocristianismo.

Al hablar sobre el rostro iluminado de Moisés cuando conversaba con el Señor, san Efrén observa lo siguiente:

> Cuando Moisés se percató de que los hijos de la carne como él eran incapaces de fijar la mirada en la gloria, pero que se le concedió mirarla ante su rostro, se abrumó al saber que había osado contemplar la gloria de aquella esencia en cuyo torrente las creaturas celestiales y terrenales se sumergen y emergen,

sin poder sondear sus profundidades, sin poder alcanzar sus orillas, sin poder encontrar sus fronteras o límites.[1]

Parecería que Efrén siempre está al tanto de la realidad sobrecogedora de Dios y, consecuentemente, evita decir demasiado. Al referirse directamente a Dios en sus escritos polémicos y en otros lugares, Efrén protege el misterio de Dios usando diferentes variantes del término siriaco "ser", que corresponde al hebreo YHWH. En dichos casos, las traducciones recurren a términos como "divinidad", "deidad" y "existente por sí mismo".[2] Efrén usa el término "Padre" al referirse a la relación divina con el Verbo y con el Espíritu Santo, o en lo que concierne a las etapas del plan de salvación.

Los padres siriacos no dudan que los seres humanos pueden poseer la vida de Dios en fe y en gracia. Sin embargo, al mismo tiempo están conscientes del perpetuo misterio e inaccesibilidad de Dios. Sus orígenes judeocristianos y su familiaridad con las Escrituras generaron una sensación de asombro religioso. Su cosmovisión asumía una distancia infinita entre el Creador y la creatura, así como la capacidad limitada de la mente humana. Durante las extensas y prolongadas controversias teológicas de los siglos IV y V se cuestionó el valor de tanto "escrutinio", así como la sensación de que argumentos como estos a fin de cuentas eran contraproducentes.

Para san Efrén (m. 373), el terreno de lo divino es radicalmente inaccesible para la razón. Aunque el hecho de la existencia de Dios es cognoscible, la naturaleza divina sigue siendo impenetrable. El carácter misterioso de Dios supera incluso la comprensión de los ángeles. De acuerdo con Robert Murray, los *Himnos sobre la fe* de Efrén representan sus esfuerzos por desarrollar una teología dialéctica de Dios, oculto y revelado, como respuesta a los debates racionalistas del

---

[1] San Efrén, "Homily on our Lord XXIX", en *St. Ephrem the Syrian: Selected Prose Works,* trad. Edward G. Mathews Jr. y Joseph P. Amar, Washington, D.C., The Catholic University of America Press, 1994, p. 305.

[2] Véase Mathews y Amar (eds.), *St. Ephrem the Syrian,* pp. 49, 274 y ss, esp. nota 5.

arrianismo. Para Efrén, las palabras humanas son limitadas, y existe un enorme abismo entre la creatura y el Creador.[3] Efrén escribe:

> Mil miles estaban en pie; diez mil diez miles corrían.
> Miles y diez miles no fueron capaces de investigar al Uno.
> Por lo tanto, todos ellos se mantenían en silencio para
> servirle.
> No tiene por consorte sino a su Hijo.
> Hay que buscarle en silencio. Cuando los guardianes
> [los ángeles] fueron a investigar se encontraron con el
> silencio y fueron contenidos.[4]

En su *Himno sobre la fe*, núm. 4, Efrén razona:

> En todo aspecto eres una maravilla tan definitiva que para nosotros imposible es demostrarte... Es imposible que el alcance de una investigación llegue hasta Ti. Ya desde su comienzo avanza, se detiene y retrocede; pues su alcance es demasiado corto para tu distancia.[5]

Efrén explica que sólo el Hijo puede comprender al Padre, porque son de la misma naturaleza (*Himno sobre la fe*, núm. 11, pp. 7-11). Sin embargo, esta relación de connaturalidad, que es necesaria para abrir nuestra razón al misterio divino, es algo de lo que se ven privadas absolutamente todas las creaturas debido a la radical trascendencia de Dios.

Al no haber sido influido por la postura filosófica griega de la dicotomía entre el alma y el cuerpo, Efrén considera a todas las creaturas como si estuvieran compuestas de elementos básicos como la tierra, el aire, el fuego y el agua. Consecuentemente, piensa que los

---

[3]   Murray, "The Paradox of God's Hiddenness and Accessibility in St. Ephrem", *New Blackfriars*, núm. 85, 2004, pp. 158-162, en 159.

[4]   *San Efrén, Hymn on the Nativity*, núm. 21, en *Ephrem the Syrian: Hymns*, trad., con una introducción de Kathleen McVey, Nueva York, Paulist Press, 1989, pp. 177-178.

[5]   Citado en Griffith, "Faith", p. 52.

sentidos corporales, psíquicos y angélicos son demasiado burdos para percibir lo divino. La espiritualidad del alma humana o de un ángel son las formas más sutiles posibles, y están constituidas por los dos elementos más puros, a saber, el aire y el fuego (*Himno sobre la fe*, núm. 55, p. 5). No obstante, como toda la creación espiritual sigue siendo hasta cierto punto material, la espiritualidad de la naturaleza divina es absoluta y trasciende radicalmente aquélla de la creatura. Es por esta razón que la naturaleza divina siempre permanece impenetrable al espíritu y al sentido de ángeles y hombres. Efrén concluye que no podemos comprender los misterios de la naturaleza, de nuestro nacimiento y de nuestra muerte, ni de nuestra propia alma, y que por esta razón no debería sorprendernos que no podamos alcanzar los cielos.[6] Si no logramos conocernos a nosotros mismos, ¿por qué osar siquiera investigar el origen y la naturaleza de Dios, que todo lo conoce?[7]

Efrén describe en su *Himno de Nísibis*, núm. 3, las dificultades que la mente humana encuentra al buscar a Dios, así como el papel central que ocupa el Verbo en la encarnación:

> ¡Afina nuestro oído, para que no se pierda ni distraiga!
> Pues es vagar si uno se pregunta quién es Él y cómo es Él.
> ¿Qué provecho tendría en nosotros retratar la semejanza
> de aquel Ser que es semejante a la mente?
> Tampoco hay en Él algo limitado, Él en todo ve y escucha; por
> así decirlo, todo habla de Él; Él es todo en todos los sentidos.
> Respuesta: ¡Alabado sea el Único Ser, que para nosotros es
> inescrutable!

---

[6] André de Halleux, "Mar Ephrem théologien", *Parole de l'Orient, núm,* 4, 1973, pp. 43-44. Jacobo de Sarug también piensa que los seres humanos están compuestos por cuatro elementos: "El Creador combinó el fuego y el aire con el agua y la tierra, e hizo con ello una imagen que revelara su sabiduría al mundo", citado en Khalil Alwan, "L'homme 'microcosme'", en *Anthropologie de Jacques de Saroug,* extractos ex dissertatione ad Doctoratum, Junieh, Líbano, Imprimerie Modern "Kreim", 1988, p. 28.

[7] Efrén, *Hymn on the Faith, núm. 1,* citado en *The Harp of the Spirit,* trad. Brock, Londres, Fellowship of St. Alban and St. Sergius, 1983, p. 7.

Su aspecto no puede ser discernido, no puede ser retratado por nuestra comprensión... Por su gracia asumió la forma de la humanidad y nos reunió en su semejanza.

Estas cosas fueron hechas para nuestro bien; que ese Ser se hiciera como nosotros a nuestra semejanza, a fin de ser conformados a Él. Hay uno que es como Él, el Hijo que de Él procede, quien está marcado con su semejanza.[8]

En otro pasaje, Efrén usa la imagen del sol y su luz. Explica que el ojo es demasiado débil como para contemplar el brillo del sol, y de igual modo la gloria divina es demasiado intensa para su creatura. Por lo tanto, es por el "Hijo del Invisible" que podemos ver al "Invisible". A través de su Hijo unigénito, la esencia invisible del Padre se torna visible.[9]

La perla es imagen predilecta de Efrén, quien la usa como símbolo de varios temas en torno a la fe. También la entiende como una parábola que apunta a la inmensidad de Dios. En su *Himno sobre la fe*, núm. 1, describe la perla como si hablara y se refiriera a sí misma como la "hija del mar ilimitable"; por esta razón porta una riqueza de misterios. Aunque podamos escudriñar el mar, no podríamos escudriñar al Señor del mar. Así como los buceadores son capaces de aguantar sólo unos momentos dentro del mar, "¿quién podría perdurar y seguir buscando hasta las profundidades de la divinidad?".[10] Efrén se refiere en varios lugares al Padre y al Hijo como dos mares inaccesibles, y a la divinidad como un mar poderoso que el espíritu

---

[8] San Efrén, *Nisibene Hymn*, núm. 3, en *The Nisibene Hymns*, trad. J. T. Sarsfield Stopford, en *A Select Library of Nicene and Post-Nicene Fathers of the Christian Church*, Vol. 13, *Gregory the Great, Ephraim Syrus, Aphraat*, editado por Philip Schaff y Henry Wace, Grand Rapids, Mich., Erdmens, 1964, núm. 13, pp. 170-171.

[9] Efrén, *Hymn on the Faith*, núm. 6, citado en Georges Saber, *La théologie baptismale de Saint Ephrem*, Kaslik, Líbano, Université de Saint Esprit, 1974, p. 28.

[10] San Efrén, *Hymn on the Faith*, núm. 1, en *The Pearl: Seven Hymns on the Faith*, trad. J. B. Morris, en Schaff y Wace, *Select Library of Nicene and Post-Nicene Fathers*, Vol. 13, p. 293.

humano es incapaz de investigar. Por lo tanto, el tema del mar constituye un símbolo apropiado para expresar la teología negativa.[11]

Efrén adopta una postura intermedia en lo que concierne a la facultad del conocimiento. Declara que no es apropiado cultivar ni la ignorancia ni la investigación profunda. "Pues hay Uno que es perfecto en todo aspecto, cuyo conocimiento todo lo penetra." Advierte que no todo lo que es brillante es verdadero. "No todo lo que es debatido es profundo, pero todo lo que sea dicho sobre Dios es sutil cuando es creído."[12]

En sus escritos, Efrén es duro con aquellos que, como los arrianos y otros más, sostienen controversias interminables, y les llama "escrutiñadores". El problema no es tanto que sean herejes, sino que asumen que los seres humanos pueden investigar la naturaleza de Dios. Efrén afirma en su *Himno sobre la fe*, núm. 10: "La correa de tu sandalia fue temible para quienes disciernen; la orla de tu manto fue maravillosa para quienes comprenden, pero nuestra generación insensata al espiarte ha enloquecido, embriagada con nuevo vino".[13]

De hecho, Robert Murray piensa que la respuesta de Efrén a la investigación intelectual busca regresar a un enfoque simbólico y analógico de la teología,[14] tesis que se desarrollará en otro capítulo.

Jacobo de Sarug (m. 521) fue un escritor siriaco de renombre que compuso cientos de homilías en verso (*memrés*) y otros escritos. En la tradición de Efrén, escribe en una carta sobre la fe:

> Ustedes, que planean escrudiñar el plan de salvación de Cristo, detengan su búsqueda, y no se pierdan buscando a aquél

---

[11] Pierre Yousif, "Symbolisme christologique dans la Bible et dans la nature chez S. Ephrem de Nisibe", *Parole de l'Orient,* núm. 8, 1977-1978, p. 24.

[12] Taeke Jansma, "Ephrem on Exodus II:5: Reflections on the Interplay of Free Will and Divine Providence", *Orientalia Christiana Periódica*, núm. 39, 1973, p. 17.

[13] San Efrén, *Ephrem the Syrian: Selected Poems*, traducción, introducción y notas de Brock y George A. Kiraz, Provo, Utah, Brigham Young University Press, 2006, p. 211.

[14] Murray, "A Hymn of St. Ephrem to Christ on the Incarnation, the Holy Spirit, and the Sacraments", *Eastern Churches Review,* núm. 3, 1970-1971, pp. 144, 149.

que no pude ser encontrado. No deseen llegar a lo que es inasible, pues el modo de Cristo trasciende la naturaleza. Además, ustedes, ustedes mismos, por naturaleza están presos y limitados, y son incapaces de circunscribir con la palabra el modo que está más allá de sus límites.[15]

El siguiente pasaje expresa la manera en que Efrén plantea el carácter incognoscible de Dios:

> Aunque tu naturaleza es una, su expresión es múltiple; tiene tres partes, la mayor, la intermedia y la inferior. Hazme digno de la parte inferior, digno para recoger las migajas que caen de la mesa de tu sabiduría. Tu mayor expresión está oculta con tu Padre, tus riquezas intermedias son el asombro de los Guardianes. Un mínimo torrente de tu enseñanza, Señor, para nosotros aquí abajo genera una avalancha de interpretaciones.[16]

Jacobo de Sarug usa la imagen del fuego para resaltar la absoluta inaccesibilidad de Dios. En su *Homilía* (núm. 94) describe un "fuego temible" que emana de Dios. Por ende, Dios está distante de los fieles y de los creyentes, y es temible para aquellos que desean estudiarle. El fuego detiene a quienes desean acercarse a Dios con el propósito de investigarle.[17]

A su vez, siguiendo a Efrén, Jacobo indica que las realidades celestiales se revelan en el altar de la Eucaristía, y que no tenemos por qué desear algo tan lejano, pues podemos experimentar el poder celestial en el servicio del santo altar. En la *Homilía* (núm. 125) declara: "E hizo que el Secreto descendiera; dispuso así que con Él llegara su motivo al mundo. Y en medio del mundo estableció el altar para las

---

[15] Joseph Obeid, "Deuxième épitre de Jacques de Saroug sur la foi", *Parole de l'Orient*, núm. 12, 1984-1985, p. 191.

[16] Murray, "Hymn of St. Ephrem", p. 143.

[17] Roberta Chesnut, *Three Monophysite Christologies: Severus of Antioch, Philoxenus of Mabboug, and Jacob of Sarug*, Londres, Oxford University Press, 1976, p. 138.

creaturas corpóreas, y se convirtió en un cuerpo del cual comieran, se convirtió en su morada".[18]

De acuerdo con Roberta Chesnut, Jacobo no trata la cuestión de la contemplación, ni tampoco emplea la palabra *theoria* para describir un ascenso místico de la mente hacia Dios. Según Jacobo, la razón pertenece al terreno de lo visible. Usarla con la intención de comprender la presencia de Dios en Cristo implica controversia. La pretensión de usar la filosofía griega en la teología es obra de Satanás, pues éste la usa para perturbar la alabanza que la humanidad debe a Dios. Cristo "vino a iluminar el mundo, no para ser investigado por el mundo; vino a salvar a los cautivos, no para ser rastreado por los salvados; vino a hacer puro lo impuro, no para que los labios hicieran proposiciones sobre Él". El único modo de acercarse a Dios es a través de la fe y del amor, algo que sólo se concede a los sencillos. Jacobo escribe:

> Permanece cerca del amor y se le revela claro como el día; pero se mantiene muy distante de la controversia de los entendidos... Oh hombre sabio, [no puedes interpretarle...] Oh escriba orgulloso, conócete y vete a ti mismo. No pronuncies con orgullo la historia del Emmanuel. En la simplicidad de la fe, en la perfección, en la humildad, articula la historia cuando sea pronunciada.[19]

En su *Mimro*, Jacobo declara sobre la fe:

> Me equivoqué al intentar buscarte, pues no te he encontrado en los límites [de la naturaleza humana], así que me refugié en la fe, donde te encontré. Te había buscado con los "sabios", y caí en una trampa; así que regresé a los "sencillos" para caminar libre de emboscadas. Aprendí a creer gracias a los pecadores, pues la sabiduría del mundo no es necesaria cuando uno cree.[20]

***

---

[18] Jacobo de Sarug, *Homily,* núm. 125, p. 139.
[19] Jacobo de Sarug, *Homily,* núm. 40, pp. 140-141.
[20] Obeid, "Deuxième épitre", pp. 189-190.

La liturgia maronita refleja la noción del ocultamiento de Dios en el servicio de los santos misterios y en el oficio divino. Por ejemplo, la "oración penitencial" u *hoosoyo* de laudes del domingo del Nacimiento de Juan el Bautista reza: "Oh Dios, naturalmente oculto e inaccesible para el espíritu humano, quisiste formar nuestro mundo después del de los ángeles y de los espíritus, y creaste dos mundos a partir de la nada". La segunda oración de paz en la *Anáfora de Juan Crisóstomo* declara: "Oh Señor en las alturas, oculto para toda la creación, eres paz para los airados, perdón para los pecadores, y consuelo para los afligidos". La "Oración de alabanza y acción de gracias" de la *Anáfora de san Juan Marón* se refiere al Padre como "Dios inescrutable". En la anáfora para la consagración del agua bautismal, el celebrante reza: "Cuando Él [Cristo] abandonó la morada de tu ocultamiento, descendió y habitó el seno virginal". La "oración penitencial" de la Epifanía comienza diciendo: "Que seamos dignos de ofrecer gloria, alabanza y honor al Padre oculto, que clamó desde los cielos y reconoció a su Amado". La "oración penitencial" de Pentecostés comienza con este saludo: "Que seamos dignos de alabar, glorificar y honrar al Padre oculto".[21] El *qolo* (coro o canto congregacional) del domingo de Pentecostés entona: "Te alabamos, Dios Padre, oculto para nosotros". Un *qolo* del primer domingo de Pentecostés, el domingo de la Trinidad, declara: "Gloria a ti, oh Padre oculto e inescrutable".

---

[21] Las citas de la liturgia maronita, a menos que se indique lo contrario, fueron tomadas de *Lectionary: Syriac-Maronite Church; The Seasons* (Detroit, Diocese of St. Maron, 1976); *Qurbono: The Book of Offering* (Brooklyn, St. Maron, 1994); *Anaphora Book of the Syriac-Maronite Church of Antioch* (Youngstown, Diocese of St. Maron, 1978); *Fenqitho: A Treasury of Feasts According to the Syriac-Maronite Church of Antioch* (Diocese of St. Maron, 1980); *The Prayer of the Faithful According to the Liturgical Year [Prière du croyant selon l'année liturgique maronite]*, ed. Boutros Gemayel, 3 Vols. (Brooklyn, Diocese of St. Maron, 1985); *Mysteries of Initiation-Baptism, Confirmation, Communion: According to the Maronite Antiochene Church* (Brooklyn, Diocese of St. Maron, 1987); *The Mystery of Crowning: According to the Maronite Antiochene Church* (Brooklyn, Diocese of St. Maron, 1991), y *Book of Offering: According to the Rite of the Antiochene Syriac Maronite Church* (Brooklyn, Eparchy of St. Maron of Brooklyn, 2012.

Un ejemplo del oficio divino es la "oración penitencial" del cuarto *qawmo* de *Lilyo* (el oficio nocturno), que dice en el saludo: "Al que desde el comienzo es el Dios único y verdadero, quien eternamente trasciende toda facultad, inteligencia y pensamiento humanos, pues Él es inexplicable, incomprensible e inasible; que sólo Él mismo se conoce".[22]

El capítulo sobre la revelación se concentra en la revelación de Dios a través de su Verbo. Por ahora, basta con señalar que la luz es una de las imágenes más comunes asociadas con Dios. Esta imagen puede referirse a la luz primigenia descrita en el Génesis, o a la luz como símbolo universal de bondad, mientras que la oscuridad simbolizaría el caos y el mal. Al comentar Éxodo 33, 20, "ningún hombre puede verme y seguir viviendo", Efrén observa lo siguiente: "Y así, el existente por sí mismo es mortal para quienes le contemplan, no a causa de su ira severa, sino como consecuencia de su intenso resplandor".[23]

Cristo es descrito como luz especialmente en el momento de su bautismo en el Jordán; su cruz es exaltada como cruz de luz y como faro. La luz de Cristo destruye la oscuridad del *sheol*, y el rostro resplandeciente del Padre y/o de Cristo es la esperanza de los difuntos. Este tema de la luz quizá coincide con la visión de Dios como luz en varias tradiciones místicas. Efrén, en su *Himno sobre la Iglesia*, núm. 36, afirma: "¡Demos gracias al Creador de la luz, donde está representada la Luz celestial! ¡Alabemos al Hacedor de la luz que es símbolo de la Luz de nuestro Salvador!" En este himno también se relaciona a la luz con Cristo del siguiente modo: "Así como Moisés resplandeció con la gloria divina tras contemplar brevemente el

---

[22] Citado por Jean Tabet, *L'office commun maronite: Étude du Lilyo et du Safro*, Kaslik, Líbano, Université de Saint-Esprit, 1972, p. 145.

[23] Mathews y Amar (eds.), *St. Ephrem the Syrian*, p. 304.

esplendor, ¡cuánto más resplandecieron el cuerpo que Cristo habitó y el río en el que fue bautizado!"[24]

***

La liturgia siriaca celebra frecuentemente el tema de la luz. En la *epíklesis* (la oración que invoca al Espíritu Santo) de la *Anáfora de san Juan Marón*, el celebrante ruega: "Escúchanos, oh Señor, que las puertas del cielo se abran, revelando ese lugar de luz gloriosa". Un *qolo* de los lunes de Pentecostés declara: "Tu resplandor maravilla incesantemente a las huestes de fuego que te sirven, Señor". La "oración penitencial" de vísperas de los viernes entona: "Alabanza, gloria y honor a la Luz, cuyo resplandor ha revelado al Padre de las Luces; al Resplandor, cuyo brillo nos ha atraído hasta el umbral de la luz". La oración de la luz de laudes de los sábados declara:

> Oh Señor Dios, sé una mañana perpetua para nosotros, una luz que no se extingue, y un día sin final. Entonces seremos iluminados por la luz de tus santos mandatos en nuestros sentimientos, en nuestros pensamientos, y en nuestros deseos. Señor nuestro y Dios nuestro, la gloria sea a ti por siempre.

El tema escatológico de la luz interminable también se encuentra en la oración final de la oración común de vísperas:

> Por tu deseo, Señor, has determinado que el día cese y que la noche llegue, y por designio tuyo la noche reina. ¡Sé para nosotros ese gran día que nunca acaba! Que tu luz brille en nuestros corazones en el crepúsculo, y en la oscuridad de la noche ilumínanos con el conocimiento de tu verdad.

---

[24] Brock, "St. Ephrem on Christ as Light in Mary and in the Jordan: Hymni de Ecclesia 36", *Eastern Churches Review,* núm. 7, 1975, pp. 138-139.

El tema de la luz se aplica específicamente al Dios-hombre. La *sedro* (el cuerpo de la oración penitencial) del oficio de laudes de Navidad incluye las siguientes ideas: "Hijo de nuestro Dios, Verbo e Imagen del Padre [...], tu luz resplandece más que la luz, tu sol es más brillante que el sol y tu día es más magnífico que el día".

El efecto salvífico de la Luz y la imagen del "rostro de Cristo" como luz pueden encontrarse en la oración inicial del servicio de los Santos Misterios de las primeras tres semanas de Cuaresma: "Oh Señor Dios, ilumina nuestros corazones y nuestras conciencias con el resplandor de tu rostro, para que podamos caminar en los rayos de tu luz durante este tiempo de Cuaresma". La tercera oración de paz en la *Anáfora de san Pedro* declara: "Oh Señor, que la luz de tu rostro brille sobre nosotros". La "oración penitencial" del primer domingo de la Gran Cuaresma suplica: "Concédenos el gozo de tu banquete eterno, y permítenos regocijarnos en el esplendor de tu rostro". La tercera oración de laudes de los jueves de Pascua reza: "Y cuando el sol de nuestra vida se ponga, será tu sol que nunca se pone el que brille para nosotros. Contemplaremos tu rostro llenos de gozo, regocijándonos en la luz de tu gloria, alabándote por siempre. Amén". Asimismo, la oración inicial de vísperas de los viernes de Pascua declara: "Oh Señor Dios, haznos dignos del banquete sin fin y sin oscuridad en el que nuestros ojos se abrirán a la luz de tu gloria, donde nuestra mirada contemplará el esplendor de tu rostro".

II
Creación y pecado

Más que especulación filosófica, la postura siriaca en torno a la creación es producto de la influencia bíblica y de la experiencia de la fe. Una de sus principales contribuciones es la doctrina que concibe a la creación, la revelación y la encarnación como elementos del mismo proceso divino. Por lo tanto, la creación no puede separarse de la revelación de Dios ni del evento del Verbo convirtiéndose en creatura.

En el presente capítulo se discutirá la postura de los escritores siriacos, según la cual la creación es, por su propia naturaleza, una revelación a través de diferentes tipologías y símbolos. Este capítulo versa sobre la creación del mundo y la humanidad. A este respecto, se destacará cómo los escritores siriacos afirmaban que, cuando en la Biblia se dice que los seres humanos son creados a imagen y semejanza de Dios, apunta a que estos son un reflejo del Cristo preexistente. Otra reflexión relevante es que estos escritores concebían a la humanidad como el punto convergente de la creación.

La preexistencia de Cristo

San Efrén, en su *Comentario al Génesis* interpreta el versículo "Hagamos al hombre a nuestra imagen" (Gn 1, 26), como una misteriosa revelación del Primogénito de Dios y de la imagen de Dios en sus actividades creadoras y redentoras. Efrén piensa que, al inicio de la creación, cada una de las órdenes fueron dirigidas al Verbo, quien es la "voz" de Dios. En el *Himno sobre la fe*, núm. 6, Efrén afirma:

Sin embargo, en el comienzo las obras fueron creadas a través del Primogénito. Pues (está escrito) que Dios dijo: "Hágase la luz, y ésta surgió". Pero, ¿a quién dirigió esta orden, cuando nada había? Los seis días que fueron creados dan testimonio de que (el Creador) no dio sus órdenes a las obras (creadas) para que se hicieran a sí mismas. Más bien, a través del Único del Uno es que fueron creadas. El Padre ordenó a través de su Voz, y el Hijo llevó a cabo la obra.

Efrén concluye: "En la creación del hombre, finalmente, el Omnisciente quiso [...] revelar a su Primogénito en abundancia".[1]

Para Efrén, la frase clave del Génesis es "hagamos al hombre a nuestra imagen, según nuestra semejanza", pues apunta a la afirmación fundamental de que el Verbo de Dios es la imagen de Dios, y a que la relación de Dios con los seres humanos tiene lugar a través de la mediación del Verbo. Si bien Cristo como Verbo es imagen del Padre, también es la figura perfecta del hombre. La humanidad encuentra su realización perfecta en Cristo.[2]

Jacobo de Sarug también afirma que la humanidad en la persona del "gran Adán" había sido originalmente creada por Dios Padre a imagen de su Hijo tal como aparecería en la tierra, es decir, a imagen de Jesús. En la *Homilía* (núm. 125) declara: "Previo a las cosas creadas, el Padre imprimió la imagen de su Hijo, le formó y le mostró cómo resplandecería entre los seres terrenales. El Padre contempló la imagen de su Hijo, y formó a Adán".[3] En otro momento, Jacobo de Sarug anota:

Respecto a Adán, el Padre dirigió a sí mismo al Hijo, quien estaba con Dios y quien es Dios, para que Adán fuera la imagen del Padre y la semejanza del Hijo, y para que por él se revelara

---

[1] Citado en Kronholm, *Motifs,* pp. 40-41.

[2] Nabil El-Khoury, "Gen. 1:26 –Dans l'interprétation de Saint Ephrem, ou la relation de l'homme á Dieu", *Orientalia Christiana Analecta,* núm. 205, 1978, pp. 199-200.

[3] Citado por Chesnut, *Three Monophysite Christologies,* pp. 113-114; véase también Elie Khalifé-Hachem, "Homélie metrique de Jacques de Saroug sur l'amour", *Parole de l'Orient,* núm. 1, 1970, p. 286.

el misterio de la divinidad. Cristo, que vendría al final de los tiempos, le había dado su semejanza, por lo que Adán se convirtió en imagen del Padre... Habló y creó a través de su palabra una imagen de su Padre, una semejanza del Hijo bajo forma corpórea.[4]

Jacobo de Sarug concluye que la humanidad fue creada originalmente como una suerte de doble imagen: como una imagen del Hijo, quien es la imagen del Padre, pero también como una imagen del Hijo hecho hombre. Por lo tanto, la humanidad de Cristo guarda una relación primordial con la raza humana. *Adán* es, en un sentido muy especial, la imagen de Dios. En la *Homilía* núm. 94 explica:

Dio a Adán la imagen del Hijo, el único, mientras fue su Creador, y la tomó de Él cuando le visitó... Mientras era su Creador, estaba relacionado con aquél, quien le diera la imagen... Vino a sí mismo; en su imagen moró en la hija de Adán, que fue formada en su imagen, y por esta razón estaba relacionada con él.[5]

Jacobo también hace notar lo siguiente:

El hombre desde el inicio era a imagen de Dios, y Dios habitó en una mujer para preservar su imagen. Al preparar el costado de Adán, que se convertiría en Eva, dispuso para sí mismo un lugar para morar al final de los tiempos. Es por esta razón que concedió su imagen a la raza de Adán, para que no fuera desdeñada mientras él habitara; al final, al crear a Adán, entregó a éste a través de su imagen la imagen de su Unigénito, misma que tomó prestada al salvarle.[6]

***

---

[4] Citado en Sony, "L'anthropologie", pp. 153-186, en 174; véase también Johns Abraham Konat, "Christological Insights in Jacob of Serugh's Typology as Reflected in his *Memre*", *Ephemerides Theologicae Lovanienses*, núm. 77, 2001, pp. 46-72.

[5] Citado por Chesnut, *Three Monophysite Christologies*, p. 127.

[6] Citado por Sony, "L'anthropologie", pp. 174-175.

La oración de alabanza y de acción de gracias de la *Anáfora de san Juan Marón* declara: "Tú eres el Padre de nuestro Señor Jesucristo, tu hijo Amado, nacido de ti e igual a ti. Él es el resplandor de tu gloria, la imagen de tu ser, y por tu poder es el hacedor de todo. En Él creaste el mundo por tu gracia. En Él te contemplamos, y de Él recibimos tu espíritu. En Él se reveló el misterio de la Trinidad, oculta desde la eternidad".

Respecto a la historia de la salvación, Efrén especula que el amor divino, que por amor creó a los seres humanos a través de Cristo, anunciaría el rechazo del hombre, su alejamiento y su restauración. En el *Himno de Nísibis*, núm. 69, afirma: "Por tu misericordia formaste el polvo desde el inicio, y por amor realizaste tu don. Tú, oh Bondad, has creado al hombre. Aunque era evidente para ti que te rechazaría y que se perdería, le formaste para justificarlo [cuando cayera]".[7] Jacobo de Sarug comenta sobre la anticipación de Dios:

> Dios no ha tenido nuevos pensamientos desde la eternidad, pues nada hay en las intenciones de Dios que no estuviera ahí desde el comienzo... La economía de todo el camino del Hijo de Dios había sido trazada por su Padre desde los inicios de la casa de Adán.[8]

***

La liturgia maronita refleja el papel del Verbo en la creación. La oración de alabanza y acción de gracias de la *Anáfora de san Jacobo de Sarug* declara: "Rey de los Siglos, Ocultamiento Inescrutable, tu Hijo amado es ser de tu ser, la apariencia de tu luz, y el reflejo de tu gloria. Él es el poder de tu Verbo, a través del cual creaste el mundo".

---

[7] Kronholm, *Motifs,* p. 50.

[8] Jacobo de Sarug, *Homily,* núm. 3, citado en Konat, "Christological", p. 59.

Un pensamiento similar queda expresado en la oración de alabanza y acción de gracias de la *Anáfora de san Juan Marón*: "Padre, Señor insondable de todas las generaciones, enviaste al Señor Jesús, quien es igual a ti. Como Verbo tuyo, Él es el fulgor de tu fuego, y la imagen de tu ser todopoderoso. Por tu gracia a través de Él creaste las generaciones".

Ramificaciones de ser a imagen y semejanza de Dios

Los seres humanos son la mayor obra de la creación, dado que han sido hechos a imagen del Primogénito de Dios. Reflexionando en torno al Génesis, Efrén concibe el alma de Adán como si hubiera sido engendrada a partir del propio aliento de Dios. Cree que los seres humanos se distinguirían por poseer las facultades singulares del habla y de la libertad. En su *Himno sobre el Paraíso*, núm. 8, Efrén enseña que Dios creó el cuerpo humano para que pudiera entonar alabanzas a su Creador. Sin embargo, no tenía sonido, al modo de un arpa silenciosa, hasta que insufló en él un alma. Tras adquirir la capacidad de generar sonidos, el alma recibió el regalo de compartir la sabiduría.[9]

Efrén enfatiza la centralidad de dar alabanzas en su *Himno sobre la fe*, núm. 14, donde invita a Cristo a participar de la fiesta nupcial de la Eucaristía de la Iglesia, para que los adoradores puedan alabarle: Te he invitado, Señor, a una fiesta nupcial de canciones, pero el vino, la proclamación de la alabanza en tu fiesta, nos ha faltado. Tú, el invitado que llenó las jarras de buen vino, llena ahora mi boca con tu alabanza".[10]

---

[9] Efrén, *Hymn on Paradise*, núm. 8, en *Saint Ephrem the Syrian: Hymns on Paradise*, traducción e introducción de Sebastian Brock, Crestwood, Nueva York, St. Vladimir's Seminary Press, 1990, p. 134.

[10] Brock, *Harp,* p. 18.

Para Efrén también es importante el libre albedrío, pues considera que, por éste, Adán es imagen de Dios.[11] Al comentar el Génesis, Efrén presenta a Dios diciendo: "Hagamos al hombre a nuestra imagen, es decir, que tenga la capacidad de escucharnos, si desea hacerlo".[12] Efrén subraya la relevancia de la libertad humana en el *Himno sobre la Epifanía*, núm. 10:

> La compulsión de Dios es todopoderosa; sin embargo, no es compulsión para aquello por lo que tiene predilección, una voluntad [libre] dotada de discernimiento; por lo tanto, con sus bondades nos invita a vivir la vida no por compulsión, sino por persuasión.
> En su bondad reconcilia a ambas: no desea violentar nuestra libertad; tampoco consiente que quede abandonada a sí misma; si la hubiera limitado, hubiera eliminado su libre albedrío, y si la hubiera abandonado, le hubiera retirado su auxilio.
> Sabe que la compulsión nos habría frustrado; sabe que la indulgencia hubiera conducido a nuestra destrucción; si nos enseña, Él nos gana; no nos ha limitado ni tampoco nos ha abandonado como el Maligno: en su bondad nos ha enseñado, nos ha corregido, y nos ha amado.[13]

En el *Himno sobre la fe* núm. 25 Efrén resume su postura de forma poética: "Él dice que como eres un arpa dotada de vida y de lenguaje, tus cuerdas y tus palabras poseen libertad. Oh arpa, que por sí misma y según su propia voluntad canta sobre su Dios".[14]

---

[11] Véase Jansma, "Ephraem on Exodus II:5", p. 18.

[12] El-Khoury, "Gen 1: 26 –Dans l'interprétation", p. 199.

[13] Véase François Cassingena, *Hymnes sur L'épiphanie: Hymnes baptismales de l'Orient syrien,* Spiritualité orientale 70, Bégrolles-en-Mauge, Abbaye de Bellfontaine, 1997, pp. 93-97.

[14] El-Khoury, "Gen 1: 26 –Dans l'interprétation", p. 203.

Al comentar Génesis 1, 26, cuando Dios concede a Adán el dominio sobre las creaturas terrenales, Efrén descubre una revelación relativa a cómo Adán es a imagen y semejanza de Dios:

> De acuerdo con lo que ha sido la regla hasta ahora, a saber, que si algo complace a Dios, Él nos lo hará saber, Moisés explicó de qué modo somos a imagen y semejanza de Dios, cuando dijo: "Que dominen a los peces en el mar, a las aves, a los ganados, y todo sobre la tierra". El dominio que Adán recibió sobre la tierra y sobre todo lo que sobre ella hay, constituye la semejanza de Dios, quien domina sobre las cosas celestiales y sobre las cosas terrenales.[15]

Jacobo de Sarug piensa que la imagen de Dios en los seres humanos posee cuatro características. Primera, los seres humanos son llamados a ser colaboradores en la creación. En el Génesis, Adán recibe el papel de nombrar a los animales. El matrimonio humano es una "tipología" del futuro matrimonio entre Cristo y su Iglesia. Segunda, los seres humanos poseen una dimensión espiritual en el ejercicio de sus facultades superiores. Tercera, tienen la capacidad de hablar; cuarta, poseen libre albedrío.[16]

***

En el oficio maronita, un *qolo* para laudes de los sábados de Cuaresma entona lo siguiente: "Es por su gloria que el Señor te dio tu lengua y tu inteligencia".

Afraates desarrolla su propia antropología teológica entendiendo a los seres humanos como si estuvieran compuestos de cuerpo, alma y espíritu, lo que refleja la enseñanza bíblica de que Dios insufló su espíritu en los seres humanos. En ocasiones, Afraates pa-

---

[15] Mathews y Amar (eds.), *St. Ephrem the Syrian,* p. 94.
[16] Bou Mansour, *Théologie,* núm. 1, pp. 76-87, 134.

rece afirmar que los seres humanos poseen el propio espíritu de Dios y que por eso están vivos. Dios, el Viviente, es quien da vida a través de su espíritu. Afraates especula que el espíritu de Dios es el espíritu profético que se dirigió a Ezequiel. Tras la unción de Saúl como rey, este espíritu moró en él, hasta que Saúl lo perdió; también habitó en David, aunque no de un modo continuo. Durante el curso de la historia de Israel, este espíritu ha demostrado ser un espíritu de conocimiento y de sabiduría.

Cristo recibió el Espíritu en plenitud en su bautismo, recibiendo así libremente su consagración mesiánica. Con el bautismo nos revestimos del espíritu de Cristo. Antes del bautismo, los seres humanos sólo cuentan con un "espíritu animal" que reciben por la creación, pero en su segundo nacimiento reciben el santo espíritu de Dios.

Los seres humanos son creados con un alma viviente (es decir, con el principio de vida) y están destinados a convertirse en "espíritus vivientes". Gracias a la intervención del espíritu, los buenos se tornan espirituales, incorruptibles e inmortales, mientras que los malvados no pasan por esta transformación, sino que permanecen en el polvo del que Adán fue creado, en la "condición animal".[17]

Francis Crawford Burkitt resume la doctrina de Afraates del siguiente modo: "Éste es el credo de Afraates. Para él, el cristianismo fue la revelación de un Espíritu Divino que habita en el hombre y que lucha contra el mal moral, y no se reduce principalmente a un entramado de especulación filosófica sobre la naturaleza de la propia Divinidad".[18]

---

[17] Riccardo Terzoli, "Âme et esprit chez Aphraate", *Parole de l'Orient,* núm. 3, 1972, pp. 108-113.

[18] Francis Crawford Burkitt, *Early Eastern Christianity,* Londres, 1904, p. 85.

El hecho de que los seres humanos fueran creados a imagen y semejanza de Dios tiene consecuencias morales. Efrén, en su *Homilía sobre la amonestación y el arrepentimiento*, razona:

> Si insultaras la imagen del rey, pagarías con el castigo del homicida; y si vilipendiaras a un hombre, vilipendiarías la imagen de Dios [...] Posees una naturaleza espiritual; el alma es la imagen del Creador; honra la imagen de Dios, estando en armonía con todos los hombres.[19]

Los seres humanos como el punto convergente de la creación

La antropología siriaca concluye que los seres humanos no sólo son el culmen de la creación, sino que también son el vínculo que une a los cielos con la tierra. El cuerpo de Adán fue formado a partir del polvo de la tierra en su estado virginal, para convertirse en un verdadero microcosmos. De hecho, Efrén percibe en el modo en que Adán fue creado y en el propósito de su creación una tipología de la concepción de Cristo, el Nuevo Adán y reconciliador del mundo, nacido del seno virginal de María.[20] Al ser a imagen de Dios, quien tiene poder sobre todas las cosas, tanto las más elevadas como las más humildes, Adán también tiene poder sobre toda la creación.[21]

Para Jacobo de Sarug el hombre es un microcosmos que posee en sí mismo todos los elementos. Los ojos del hombre son una imagen de los dos ojos del mundo, el sol y la luna. En su semblante puede verse el firmamento. Dios hizo al hombre centro del universo, y le constituyó como el lugar donde todas las bellezas de la naturaleza

---

[19] Efrén, *Homily on Admonition and Repentance,* en *Three Homilies,* trad. A. Edward Johnston, en Schaff y Wace, *Select Library of Nicene and Post-Nicene Fathers,* núm. 13, pp. 330-331; véase también Khalifé-Hachem, "Homélie metrique", p. 289.

[20] Kronholm, *Motifs,* p. 45.

[21] El-Khoury, "Gen 1:26 –Dans l'interprétation", p. 199.

convergen. Toda la creación fue creada para él como sustento; el universo debería postrarse ante la estatua o la "imagen" del Creador. Sin embargo, al desarrollar este tema Jacobo pretendía dar una lección pastoral, exhortando al arrepentimiento.[22]

El místico siriaco, Simón de Taibuteh, personifica esta postura teológica a través de una exhortación espiritual:

> Considera, oh hombre que discierne, que eres imagen de Dios y el vínculo de toda la creación, tanto de los seres celestiales como de los terrenales, y siempre que inclinas la cabeza para adorar y glorificar a Dios, todas las creaturas, tanto celestiales como terrenales, inclinan sus cabezas contigo y en ti para adorar a Dios; y cuando no le adoras ni le glorificas, todas las creaturas se afligen y se vuelven contra ti, cayendo en desgracia.[23]

La gracia como "manto de gloria"

En su antropología teológica, Efrén expresa la doctrina sobre la gracia con la imagen del "manto de gloria". Concibe a Cristo vestido con este manto desde el principio. También recurre a esta imagen para referirse a Adán. Las leyendas judías afirmaban que en el paraíso Adán y Eva estaban vestidos, pero perdieron sus ropajes tras la Caída. Isaías (61, 3) se refiere a esto como el manto de alabanza.[24] Efrén describe a los seres humanos antes de la Caída como si estuvieran dotados de una "gloria" particular que perdieron después, pero que fue restaurada posteriormente a través del bautismo.[25] En su *Comentario al Evangelio* (versión armenia, 19, 17), Efrén explica lo siguiente:

---

[22] Alwan, "L'homme 'microcosme'", pp. 17-18, 31, 34.

[23] Simon of Taibuteh, "Mystical Works of Simon of Taibuteh", en *Early Christian Mystics*, editado y traducido por Alphonse Mingana, Woodbrooke Studies 7, 8, Cambridge, W. Heffer and Sons, 1934.

[24] Véase Brock, "Word and Sacrament in the Writings of the Syrian Fathers", *Sobornost* 6, núm. 10, 1974, pp. 689-670.

[25] Kronholm, *Motifs,* núm. 62.

Pues del mismo modo en que creó por su gracia la primera esencia de las creaturas para que fueran sin mancha, en la gloria y en la magnificencia con las que Él mismo se había revestido, así también por la misericordia de Dios aparecería una nueva creación de todas las cosas, sin mancha, con la gloria en la que Él volvió a revestirse.[26]

Jacobo de Sarug declara: "El manto de gloria que fue arrebatado entre los árboles del paraíso, me lo he puesto en las aguas del bautismo".[27]

Conciencia y pecado

Para Efrén y sus colegas, la virtud humana consiste en estudiar la ley de Dios e internalizarla en nuestro corazón y en nuestra conciencia. En su *Carta a Publio*, Efrén exhibe una comprensión más bien sofisticada de la relación entre la ley y la conciencia para guiar la libertad humana:

> Opino que esta inteligencia interna ha sido convertida en el juez y en la ley, pues se trata de la personificación de la sombra de la ley, y es la sombra del Señor de la ley... [Enseña] todo sin recurrir a la fuerza, aconsejando, pero sin emplear la compulsión, recordándoles a través de advertencias del juicio que vendrá, trayendo a su mente el reino de los cielos para que lo deseen, explicándoles las recompensas de lo bueno para que las anhelen, mostrándoles el poder del juicio, para que se dominen a sí mismos, hablándoles sobre la dulzura del Unigénito, para que se animen, buscando con ellos todo lo bueno y fortaleciéndoles, cerniéndose sobre ellos y amonestándoles cuando se rebajan a lo aborrecible... Aquí [en la tierra] se mez-

---

[26] El-Khoury, "Gen 1: 26 –Dans l'interprétation", p. 202.
[27] Brock, "Word and Sacrament", pp. 689-670.

cla con ellos en todos los modos, mientras permanece frente a ellos en este día [del juicio].[28]

De acuerdo con los padres siriacos, el pecado es fruto del error y de la oscuridad, y tiene como consecuencia una pérdida de libertad. En última instancia constituye una distorsión de la imagen de Dios que somos los seres humanos, así como una pérdida de armonía entre los cielos y la tierra. San Efrén, en su *Himno sobre el ayuno*, núm. 6, ruega a Cristo que abra los ojos cerrados por nuestro libre albedrío. "Bendito es Él, que concedió el ojo de la mente que hemos cegado."[29]

***

El oficio divino maronita habla sobre la oscuridad del pecado. En la oración inicial del martes, declara: "Que tu luz brille sobre nuestros pensamientos, y mantenga a la oscuridad lejos de nosotros". En la *sedro* (oración penitencial) de laudes del martes se desarrolla el mismo tema:

> Honrado y alabado seas, oh Señor, Creador de la luz, que disipaste y aniquilaste la oscuridad; nos has librado del sueño del error y nos has entregado la mañana para gozo nuestro y para hacernos ver la luz de tu poder creativo y la sublime grandeza de tu sabiduría.

En las de vísperas del martes, la *sedro* repite el tema: "Acepta nuestra vigilia, sé favorable con nuestro servicio, que tu calma reine en nosotros y que tu paz guíe nuestros corazones; para que no haya oscuridad en nuestro espíritu y no seamos presa de la oscuridad del pecado".

---

[28] Brock, "Ephrem's Letter to Publius", *Le Museon*, núm. 89, 1976, pp. 192-193.
[29] Brock, *Harp*, p. 69.

Desarrollando el tema del pecado como forma de esclavitud, la oración inicial de laudes del lunes de la Semana Santa ruega: "Hijo del Padre, Tú has tomado la condición de esclavo y te has convertido para nosotros en una maldición con tal de restaurar la libertad que habíamos perdido".

Jacobo de Sarug discute el impacto teológico del pecado original en nosotros como imagen de Dios, así como en la armonía de la creación. Jacobo piensa en Adán y Eva como jardineros del paraíso. Sin embargo, en la primera prueba contra el "Gran Dragón" (imagen que Jacobo usa para hablar de Satanás), Adán fue derrotado, por lo cual se levantó un "muro de enemistad" entre Dios y la raza humana, entre "los seres superiores y los seres inferiores". Tras la expulsión del Edén, Adán, "la Gran Imagen", permaneció corrompiéndose en el *sheol*, separado del "Padre Oculto" por una barrera aparentemente insalvable.[30]

Este capítulo expuso una visión de la creación y del papel de los seres humanos que resume muy bien un himno de acción de gracias compuesto por san Efrén en su *Comentario al Diatessaron*:

> Te adoramos, Tú que nos enviaste al mundo, que nos diste el gobierno sobre todo lo que existe, y que lo revocarás en una hora que desconocemos... La tierra te alaba, cuyo seno abres y da frutos en su momento. Los océanos te alaban a través de los labios de sus olas, cuando sus voces proclaman que tú los gobiernas. Los árboles te alaban, cuando son forzados por el aliento del viento a llorar y a dar fruto. También te alaban las plantas, con sus flores tan variadas y multicolores... Que se junten y unan sus voces para alabarte, con gratitud por todos tus bienes, unidos en paz para alabarte; que todos cooperen para componer una obra de alabanza.[31]

---

[30] Chesnut, *Three Monophysite Christologies,* pp. 113-114.
[31] Citado en El-Khoury, "Gen 1:26 –Dans l'interprétation", pp. 204-205.

III
Revelación

Como se ha mostrado, la mente siriaca se asombraba ante la radical inaccesibilidad y el carácter misterioso de Dios. Sólo la palabra de Dios expresa a Dios y puede manifestar a Dios. Sin embargo, cualquier intento por comprender al Verbo tomando una forma creada necesariamente implicaría una paradoja y una dialéctica. Se ha descrito a Efrén como si se moviera entre los polos apofático y catafático. Por un lado está la absoluta trascendencia de Dios y la incomunicabilidad de su nombre a los seres humanos; por el otro, los términos humanos pueden aplicársele. Efrén, en su *Comentario al Diatessaron* indica: "Entre los antiguos, la sabiduría era reconocida más en las obras que en las palabras, y al uso de la lengua preferían el poder de la mente que reflexiona en silencio".[1] En el dialecto de Efrén, el momento de la revelación surge normalmente tras la falta de comprensión.[2]

No obstante, Efrén también estaba convencido de que la propia creación era reveladora. En este contexto, habla de la natu-raleza, del Antiguo Testamento, y del Nuevo Testamento como fuentes de

---

[1] Citado por Murray, "The Theory of Symbolism in St. Ephrem's Theology", *Parole de l'Orient*, núms. 6-7, 1975-1976, pp. 11, 16.

[2] De Halleux, "Mar Ephrem théologien", *Parole de l'Orient*, núm. 4, 1973, p. 45.

la revelación. De acuerdo con André de Halleux, Efrén considera la revelación como un proceso que implica al propio Dios en una suerte de encarnación progresiva. Al imprimir en la naturaleza y en las Sagradas Escrituras los signos que le revelan, es como si Dios estuviera disponiéndolo todo para adoptar la naturaleza humana de Jesús. Dios abandona su simplicidad eterna para entrar en la multiplicidad de la historia. En este sentido, Efrén habla de los "cambios" de los que Dios, inmutable por naturaleza, sufre por amor. Inmensurable en sí mismo, se manifiesta en la creación y en la encarnación, y finalmente en los milagros, aunque todo ello sólo nos revela un débil destello de su gloria. Estos "cambios" de Dios no conciernen a su naturaleza inmutable, sino a su voluntad divina, demostrando su poder y su bondad.[3]

Efrén concibe la creación como reveladora, porque fue creada por el propio Verbo. Afirma: "Donde veas, ahí está presente el símbolo de Cristo. Y donde leas, encuentras sus tipologías. Pues es gracias a Él que todas las creaturas fueron hechas, y marcó todas sus obras con sus símbolos, pues Él creó el mundo".[4] Efrén concibe el mundo como un todo simbólico. El mundo de realidades terrestres no sólo significa las realidades celestiales; en cierto sentido, también las precontiene. Imágenes, palabras y nombres conservan algo particular de la esencia de los seres que significan. El universo es un inmenso símbolo cristológico, cuyo fin es revelar al Hijo de Dios, y preparar a la humanidad para su llegada. Efrén declara:

> Las creaturas trazan los símbolos de Cristo. María ha formado los miembros de su cuerpo, pero muchos vientres han dado a luz al Hijo Unigénito; el vientre de su madre dio a luz

---

[3] *Ibid.*, pp. 45-46.

[4] Efrén, *Hymn on Viriginity,* núm. 20, p. 2, en Murray, "Hymn of St. Ephrem", p. 147.

su humanidad, pero las creaturas le han dado a luz simbólicamente.[5]

A ojos de Efrén, los elementos de la materia son medios vi-
suales que expresan la obra de Dios (*Himno sobre la virginidad*, núm.
11). Efrén, iluminado por su fe, ve en la naturaleza un símbolo que
habla de Dios, de sus obras, y de sus misterios, pues Dios ha dejado
vestigios en el universo.[6]

Robert Murray sintetiza este punto de vista resaltando el método poético-teológico de Efrén, más allá del uso que hace de tipologías, símbolos, e incluso de "misterios" sacramentales, y que se basa
en una gran concepción de la armonía entre Dios y todos los órdenes
de la creación. Dios ha llenado la creación de sus rastros, y ha dado a
los seres humanos la mente y la facultad del lenguaje para que puedan
apreciar estas pistas, expresarlas, y seguirlas por la luz del don de la fe.[7]

Sebastian Brock cree que Efrén es un representante de la
postura cristiana según la cual Dios y el "santo" son inmanentes en
el mundo. Efrén observa conexiones entre todas las cosas en la creación como posibles indicadores de Cristo. Lo único que se necesita
es la mirada de la fe. Para expresar estas relaciones, Efrén recurre a la
tipología y a otras formas literarias como el paralelismo y la paradoja. Brock llega incluso a afirmar que las tipologías y los símbolos no
son meros indicadores; para Efrén, el símbolo contiene en sí mismo
la presencia actual de aquello que simboliza. Por lo tanto, Efrén tiene una concepción sacramental del mundo.[8] En propias palabras de

---

[5] Efrén, *Hymn on Virginity*, núm. 6, pp. 7-8, en Saber, "La typologie sacramentaire et
baptismale de Saint Ephrem", *Parole de l'Orient*, núm. 4, 1973, pp. 76-79.

[6] Efrén, *Hymn on the Unleavened Bread*, núm. 4, p. 24; Efrén, *Hymn on Virginity*, núm.
8, pp. 2, 20, 12, en Yousif, "Symbolisme christologique", p. 48.

[7] Murray, "Theory of Symbolism", p. 2.

[8] Efrén, *Hymn on the Faith*, núm. 87, p. 3, en Brock, "The Poet as Theologian",
Sobornost, serie 7, núm. 4, 1977, pp. 244-245; Brock, *Harp*, p. 6.

Efrén: "Gracias a la tipología visible, somos capaces de contemplar las realidades que permanecen invisibles a los ojos".[9]

En definitiva, para Efrén tanto la encarnación como los misterios (los sacramentos) son lo que permite a los seres humanos enfrentar lo divino. El cuerpo de Cristo sirve como un escudo necesario para que la divinidad pueda revelársenos. En su *Homilía sobre la Natividad*, Efrén explica: "El rostro de Moisés resplandeció tras hablar con Dios, y colocó un velo sobre su rostro porque las personas no podían verle; de igual modo nuestro Señor entró en el seno materno y se revistió del velo del cuerpo; resplandeció, salió, y los Magos viéndole le trajeron regalos".[10]

***

Este motivo queda reflejado en la liturgia maronita. Por ejemplo, la "oración penitencial" del Martes Santo afirma: "Oh Señor Jesucristo, Dios Verbo, Tú eres Señor de las creaturas celestiales y terrenales, Tú eres la Llama que las ardientes huestes celestiales no osan contemplar. Por compasión te revestiste de un cuerpo. Las creaturas celestiales que te sirven con reverencia ocultan su rostro ante ti".

Sin embargo, Cristo no se reduce a ser un escudo para la asombrosa esencia de Dios, sino que se trata del vehículo más apropiado para la revelación. Efrén observa lo siguiente:

> El ojo es demasiado débil como para mirar fijamente el intenso fulgor del sol. Sin el Hijo del Invisible, el ojo no sabría cómo ver al Invisible. Su gloria es demasiado intensa para su creatura. A través de su Hijo Unigénito, la Esencia Invisible se torna visible y se expresa a través de símbolos. Con el pan nos alimentamos de la fuerza que no puede consumirse, con el vino bebemos el fuego inextinguible, y con el aceite somos

---

[9] Citado por Saber, *Théologie baptismale*, p. 36.
[10] Brock, *Harp,* p. 64.

ungidos con un poder que no merma. Al hacerse tierno para la boca a fin de sernos placentero y poderle comer, también ha suavizado su apariencia para nuestros ojos, y ha atemperado su poder con las palabras, para que el oído pueda escucharle.[11]

El *qolo* maronita del domingo después de la Natividad del Señor declara: "Gloria al silencioso, que habló a través de su Verbo. Su Verbo tomó un cuerpo, para que pudiéramos aprehender su poder; su Verbo tomó un cuerpo, para que los cuerpos de nuestra raza tuvieran vida a través de su cuerpo".

No obstante, de acuerdo con Efrén, la revelación de Dios muestra un carácter dialéctico. Aun en su revelación, Dios sigue siendo el Dios oculto. Sus imágenes esconden tanto como manifiestan. Cuanto más cercano parece, más lejano permanece. La expresión de la presencia de la trascendencia divina dentro de la creación representa un problema ante la ausencia de categorías filosóficas. La solución de Efrén radica en su uso de la paradoja, por ejemplo, al expresar el poder en la debilidad, como puede constatarse en sus escritos sobre la Natividad y la Pasión,[12] así como el uso que hace de tipologías y símbolos.

Asimismo, desde el punto de vista de Efrén, la revelación e incluso la encarnación pueden ser manifestaciones parciales del carácter misterioso de Dios. Efrén declara:

Si alguien atendiera solamente a las metáforas usadas para referirse a la majestad de Dios, estaría abusando y malinterpretando la majestad con las metáforas con las que Dios se reviste por el bien del hombre, y mejor haría si agradeciera que Dios se haya rebajado hasta el nivel de la niñez del hombre: aunque Dios nada compartía con el hombre, se revistió a semejanza de éste para hacerle semejante a Él. No se perturbe su

---

[11] Efrén, *Hymn on the Faith,* núm. 6, pp. 2-4, citado por Saber, "Typologie sacramentaire", p. 83; véase también Murray, "Hymn of St. Ephrem", p. 147.

[12] De Halleux, "Mar Ephrem théologien", p. 47.

intelecto con simples nombres, pues el Paraíso sencillamente se ha revestido de términos que a ustedes les son familiares: si se ha revestido de imágenes no ha sido por ser pobre sino, más bien, lo ha hecho porque la naturaleza de ustedes es demasiado débil como para comprender su grandeza, y su belleza queda muy atenuada al representarla con los pálidos colores con los que ustedes están familiarizados.[13]

Para Robert Murray, Efrén enseña una "encarnación en el lenguaje", que es paralela a la encarnación personal del Verbo. Dios se humilla a sí mismo al someterse a las descripciones de las palabras e imágenes humanas. En su *Himno sobre la fe*, núm. 5, Efrén declara:

Creatura con Creador / no pueden ser comparados por sus propios nombres / son inconmensurables, e incluso más que los nombres / las esencias son diferentes. Pero el Señor quiso por amor / dar sus nombres a sus siervos.[14]

Tipologías, símbolos y paradojas

Para Efrén, el principal modo en que puede expresarse la manifestación de Dios en la creación es a través de las tipologías, los símbolos y los misterios. Para denotar estas ideas, emplea el término siriaco *raza*. Pierre Yousif afirma que Efrén entiende el término *raza* de cuatro modos. En el primero, de acuerdo con el término persa original, quiere decir "enigma", refiriéndose a consejos privados o secretos entre los funcionarios de la corte. Este significado se observa en el arameo de Daniel 6, 4, donde hace alusión a secretos divinos.[15] La Septuaginta

---

[13] Efrén, *Hymns on Paradise,* núm. 11, pp. 6-7, en *Saint Ephrem the Syrian: Hymns on Paradise,* trad. Brock, 156; véase también Alain Desreumaux, "Une homélie syriaque anonyme sur la nativité", *Parole de l'Orient,* núms. 6-7, 1975-1976, pp. 195-203.

[14] Murray, "Paradox", pp. 160-161.

[15] Véase Ephrem, *Hymn on the Unleavened Bread,* núm. 14, p. 11, en Yousif, "Symbolisme christologique", p. 46.

traduce el término hebreo de Daniel con el término griego *mysterion*, usado para describir una visión del futuro concedida por Dios a través de símbolos.[16] En el segundo modo, quiere decir "misterio", una realidad que supera la inteligencia humana (por ejemplo, en *Sobre la crucifixión*, núm. 8, con referencia al ser de Cristo). El Nuevo Testamento aplica este término a la doctrina de Jesús en torno a los "secretos" del reino, y a la doctrina de san Pablo sobre el desarrollo del plan divino en el curso de la historia.[17] El tercer modo podría entenderse como un simple signo, es decir, como una forma de información o indicación, como serían los símbolos de la naturaleza que proclaman a Cristo.[18] El cuarto modo se refiere a, un símbolo-misterio, es decir, a los elementos del Antiguo Testamento que se vuelven realidad en el Nuevo Testamento; asimismo, significa las realidades divinas simbolizadas en los sacramentos de la Iglesia.

Robert Murray explica que la visión de Efrén dependía de la creencia de que todo el Antiguo Testamento apuntaba a Cristo. *Raza* o misterio se convirtió en la palabra para el sentido de "portador de Cristo", oculto en los personajes del Antiguo Testamento, comuni-cando la noción de una tipología y una antitipología. Cristo como cumplimiento sería la "verdad" o la "realidad". La Biblia contiene símbolos reveladores de Cristo porque la creación los incluye. Murray observa que la razón por la que tantos árboles o maderos en el Antiguo Testamento pueden ser vistos como tipologías de la cruz, se debe a que el ojo de la fe percibe cada árbol como si estuviera preñado

---

[16] Dalmais, "Raza and Sacrement", en *Rituels: Mélanges offerts á Pierre-Marie Gy*, editado por Paul De Clerck y Eric Palazzo, París, Cerf, 1990, p. 174.

[17] Esta aproximación bíblica del misterio es tomada de Raymond Brown, "Mystery (in the Bible)", *New Catholic Encyclopedia*, Washington, D.C., The Catholic University of America Press, 1967, núm. 10, pp. 148-50, y de Joseph Fitzmyer, "Pauline Theology", en *The New Jerome Biblical Commentary*, editado por Brown, Joseph Fitzmyer y Roland Murphy, núm. 82, Englewood Cliffs, Prentice-Hall, 1990, p. 33; véase también Brown, *The Semitic Background of "Mystery" in the New Testament*, Filadelfia, Fortress, 1968.

[18] Véase *Hymn on the Faith*, núm. 18, en Yousif, "Symbolisme christologique", p. 46.

por el misterio de la cruz.[19] Este último significado será discutido en un capítulo posterior.

Efrén sostiene claramente que el método con el que la naturaleza revela a Cristo es a través de las tipologías y de los símbolos. En su *Himno sobre la virginidad*, núm. 5, explica:

> En el Jardín del Edén y en el mundo terrenal los símbolos de nuestro Señor se multiplican. ¿Quién puede reunir todas las imágenes de su misterio? Cada una de ellas representa a Cristo plenamente. Las cosas visibles te aguardan, Señor; las tipologías te buscan, los símbolos te prefiguran, las parábolas se refugian en ti.[20]

No obstante, Efrén continúa advirtiendo que, incluso en los símbolos, Dios permanece oculto: "Por mucho, Señor, que pudiera sentirte, todavía no eres Tú mismo al que toco, pues mi mente no puede tocar sino tu ocultamiento: no es sino una imagen visible e iluminada lo que veo como símbolo tuyo; pues toda investigación sobre ti permanece oculta".[21]

Mientras las tipologías enfatizan el aspecto revelador de la salvación, el misterio se enfoca en el carácter apofático de lo divino y en la naturaleza elusiva de lo santo, presente en la tipología y en su cumplimiento. El misterio es el cumplimiento en Cristo de un plan de Dios antes oculto, pero que posteriormente queda de manifiesto para los seres humanos. Se caracteriza por los dos aspectos opuestos de "oculto, luego manifiesto" o "desarrollado en silencio, luego anunciado y develado".[22]

Se podría argumentar que Efrén y los escritores siriacos consideraban a la tipología como la propia naturaleza de la realidad creada.

---

[19] Murray, "Theory of Symbolism", p. 3 y ss.

[20] Citado por Brock, "Word and Sacrament", p. 692.

[21] Efrén, *Nisibene Hymn*, núm. 50, en Brock, *Harp*, p. 58.

[22] Aimé Solignac, "Mystère", *Dictionnaire de Spiritualité*, Vol. 10, París, Editions Beauchesne, 1980 (1861).

Por lo tanto, no se reduce a que Dios haya elegido las tipologías como medio de revelación. Más bien, la creación es reveladora y cristológica por su propia naturaleza. Por esta razón, la tradición siriaca reconoce tipologías no sólo en las Escrituras, sino en toda la naturaleza.[23]

Quizá la forma literaria más sorprendente utilizada por Efrén y los padres siriacos sea la paradoja. En esta aproximación, el carácter misterioso de Dios se conserva al mismo tiempo que los eventos de la experiencia humana son yuxtapuestos de modo antitético como vehículos de significado. La paradoja es la contraparte imaginativa del uso que el intelecto hace del principio de analogía. Se trata de un modo en el que el discurso humano puede encarnar las realidades divinas. Por ejemplo, Efrén, en su *Himno sobre la Natividad*, núm. 118, declara: "El Poderoso entró y se revistió de la inseguridad del vientre de María; el Proveedor de todo entró y experimentó la sed; desnudo y despojado salió de María, Él, que todo lo viste.[24]

Jacobo de Sarug usa el mismo método en sus homilías:

> Tú mismo permaneces en la grandeza y en la pequeñez, y es por eso que todo el que desee hablar tiembla ante ti. Si intenta hablar de tu simpleza, percibe tu grandeza sobrecogedora, la contempla, y se detiene. Y cuando desea hablar sobre tu grandeza, se siente avergonzado, al contemplar los sufrimientos y la ignominia que sufriste. ...Una imagen sin precedentes, una joven virgen amamantando, una gran maravilla, una muerte de la que brota la vida. El orador tiembla de inicio a fin, dado que toda la ruta está llena de maravillas que contempla. Viendo tus sufrimientos, uno podría pensar que eres un hombre, viendo tus prodigios y maravillas, uno sabe que eres Dios.[25]

***

---

[23] Seely Beggiani, "The Typological Approach of Syriac Sacramental Theology", *Theological Studies*, núm. 64, 2003, p. 546.

[24] Brock, "Poet", p. 244.

[25] Jansma, "Encore le credo de Jacques de Saroug: Nouvelles recherches sur l'argument historique concernant son orthodoxie", *L'Orient Syrien*, núm. 10, 1965, p. 334.

La liturgia maronita está llena de paradojas. El verso previo a la lectura de las Escrituras para los cantos del miércoles dice: "Es justo recordar a santa María virgen, porque ella llevó a Dios en su vientre, a Él que sostiene el universo". Antes de la lectura de las Escrituras, en las vísperas del domingo de Ramos aparece el siguiente verso: "Él, que monta sobre las nubes, hoy aparece montado sobre un burro; Él, a quien bendicen la tierra y los cielos, hoy es bendecido por boca de los niños". A su vez, un verso previo a la lectura de las Escrituras de laudes declara: "Hoy en Jerusalén los niños están alrededor de aquél que es rodeado por los poderes de la luz en el cielo". La "oración penitencial" de laudes del Viernes Santo reza:

> Verbo encarnado, Hijo de María e Hijo del Padre, en este día, el más grande de la historia, fuiste llevado a juicio desdeñosamente ante Pilato, Tú que estás gloriosamente sentado a la derecha de tu Padre. Permaneces silencioso ante tus jueces, pero al hacerlo todo lo pronuncias. Caminas sobre el camino del Gólgota cargando el madero de la cruz, Tú que estás sentado en el trono de querubines cubierto de vestiduras luminosas. Sobre tu cabeza las espinas han sido trenzadas en una corona de escarnio, Tú, cuya cabeza es adornada por los cielos con una corona de estrellas. En la cruz recibiste vinagre y hiel como bebida, Tú, que nos das a beber de tu sangre. Fuente de vida, mueres en el madero de la cruz, Tú, que no dejas de dar vida a todo viviente sobre la tierra.

Cristo en la naturaleza y en el Antiguo y Nuevo Testamentos

Como ya se dijo, cuando Dios Padre o Cristo se manifiestan a sí mismos en la naturaleza y en el Antiguo y Nuevo Testamentos, Efrén los describe como tañendo dos o tres arpas. En su *Himno sobre la virginidad*, núm. 29, Efrén habla del Verbo revestido de un cuerpo que tañe dos arpas con las manos. Coloca una tercer ante su rostro, como testimonio de las otras dos.[26]

Para explicar cómo diversas fuentes de la creación apuntan hacia Cristo y hacia el Padre, en el *Himno sobre la virginidad*, núm. 28, Efrén combina la imagen de las arpas con la imagen de Cristo como pintor.

> ¡Quién ha tañido de un modo tan maravilloso y sorprendente, haciendo vibrar miles de cuerdas juntas! ¡Quién ha compuesto las cosas antiguas con tanta sabiduría, y también cosas nuevas, con aquellas de la naturaleza! Y, dado que la imagen del Creador está oculta en ellas, en ellas has mostrado tu esbozo; y comenzando por ellas, el Señor de todo se nos apareció, y también el Hijo del Señor de todo. Símbolos dispersos que has reunido, exponiendo los prototipos por tu Anuncio (el Evangelio) y con la proeza y los signos tomados de la naturaleza, has mezclado estos colores para tu imagen; te has contemplado a ti mismo (como en un espejo) y te has pintado a ti mismo, oh pintor que has pintado a tu Padre en ti mismo. El Uno por el Otro, te has pintado a ti mismo.[27]

En su *Himno contra las herejías*, núm. 28, Efrén reitera estos temas con la imagen de Cristo como labrador: "Ve y mira cómo la naturaleza y las Escrituras están enlazadas entre sí para el Labrador".[28] En su *Comentario al Génesis*, Efrén describe a Moisés incorporando las tipologías de Cristo en sus escritos: "Escribió sobre los misterios del Hijo que fueron inscritos cuando las creaturas fueron creadas. También inscribió las tipologías [del Hijo] que fueron representadas en los justos que le precedieron, así como en significados alegóricos y simbólicos que fueron manifestados en las obras de su vara".[29]

---

[26] Yousif, "Symbolisme christologique", pp. 62-63.

[27] *Ibid.*, p. 59.

[28] Citado por Brock, *Harp*, p. 10.

[29] Efrén, *St. Ephrem the Syrian*, pp. 68-69.

Si el cristiano sigue la vía de los símbolos, acabará llegando a Cristo. De hecho Efrén, en su *Himno sobre la virginidad*, núm. 10, describe a Cristo como "mar sagrado", y los símbolos son un torrente de ríos que desembocan en Cristo.[30] En más de un lugar Efrén recurre a la imagen de los ríos para describir el modo en que Cristo resume todo lo acontecido antes de Él. Por ejemplo, en el *Himno sobre la Epifanía*, núm. 4, afirma:

> Él es descrito en las Escrituras; es simbolizado en la Naturaleza; su corona está prefigurada en los reyes, su verdad en los profetas, su expiación en los sacerdotes. Contemplen los símbolos gloriosos de los profetas; los sacerdotes y los reyes han desembocado sus maravillosas tipologías en Él: todo lo han dirigido hacia Él. Cristo venció y superó todos los misterios de la Antigua Ley con sus enseñanzas; las parábolas fueron superadas por sus interpretaciones; así como el mar recibe todos los ríos en su seno.[31]

Cristo es la puerta de todos los bienes, el término de todos los misterios; es el tesoro de todas las parábolas. Antes de Él sólo había símbolos y sombras; con Él ha llegado la verdad. Efrén posee una visión dinámica de los misterios del Antiguo Testamento: estos aguardan a Cristo, marchan hacia Él y desembocan en Él. En esta aproximación, Pierre Yousif percibe un principio de apropiación. Aunque las personas hayan llegado a su fin, ni su obra ni su misterio acabaron. Cristo se apropió de la realeza, de la profecía y del sacerdocio. Toma algo de nosotros para entregarnos algo. Lo que los símbolos prefiguran acaba residiendo en Cristo.[32]

---

[30] Yousif, "Symbolisme christologique", p. 34.

[31] Thomas Joseph Lamy, *Sancti Ephraem Syri:Hymni et Sermones* (Malines, 1882-1902), Vol. 1 (1882), pp. 47-50.

[32] Yousif, "Symbolisme christologique", pp. 9, 55; Louis Leloir, *Doctrines et méthodes de S. Ephrem d'après son commentaire de l'évangile concordant, originale syriaque et version armenienne*, Corpus Scriptorum Christianorum Orientalium 220, Subsidia 18, Lovaina, 1961, p. 41; El-Khoury, "Gen. 1:26 –Dans l'interprétation", p. 201.

En su *Himno sobre la virginidad*, núm. 9, Efrén expresa la postura según la cual Cristo, especialmente en su crucifixión, es la consumación de todos los misterios y de todas las figuras:

> Al llegar nuestro sol, las lámparas han cumplido su tarea y han sido superadas, y las figuras y los misterios han llegado a su fin por la circuncisión invisible [...] Pues Cristo ha cumplido los misterios [de las Escrituras] por su madero. ¡Ha cumplido las figuras en su cuerpo, en sus adornos, en su belleza, y todo ello se consuma por completo en Él![33]

***

En el *soogitho* del Jueves de los Misterios, la liturgia maronita declara: "Él [Cristo] acabó con los modelos y las tipologías cuando se levantó y con amor lavó sus pies".

La teología de Efrén en torno a los símbolos puede usarse para explicar la obra de la redención. Louis Leloir destaca que Efrén concibe el propio cuerpo humano desde el rol del símbolo. Todo cuerpo que porta el signo del primer Adán es alimento para los muertos; pero todo el que porta el signo del segundo Adán es amo sobre la muerte. Los cuerpos mueren porque han pecado, y la tierra, que es su madre, ha sido maldecida; pero el cuerpo que es la Iglesia es incorruptible, y la tierra de la que ha nacido es bendita, pues dicha tierra es María, bendita entre las mujeres. Dado que Adán murió a causa del pecado, fue necesario que Cristo eliminara el pecado y de este modo destruyera la muerte. Ahora, su cuerpo eucarístico reemplaza el fruto del árbol y, para nosotros, la mesa eucarística se convirtió en el jardín del Edén.[34]

En su *Himno sobre la virginidad*, núm. 11, Efrén ofrece varios ejemplos sobre cómo diversas cosas en la naturaleza logran sus resulta-

---

[33] Yousif, "Symbolisme christologique", pp. 25-27.
[34] Leloir, *Doctrines*, p. 43.

dos gracias a una especie de sufrimiento o de autodestrucción. A ojos de Efrén, esos ejemplos simbolizan el sufrimiento salvífico de Cristo. Concluye diciendo: "Observen cómo todas estas cosas nos enseñan con sus símbolos que, con su sufrimiento, nos liberan el tesoro de sus riquezas; y que el sufrimiento del Hijo del sumo Bien es la clave para sus tesoros".[35]

Un aspecto final de la noción de tipología es que ésta es progresiva. El "tiempo de la Iglesia" constituye el cumplimiento o la realidad cuando se le compara con las tipologías del Antiguo Testamento, pero la iglesia, por otro lado, es una especie de reino escatológico. De acuerdo con Robert Murray, Efrén representa la historia como un camino sobre el que la humanidad ha transitado. En los *Himnos contra las herejías* de Efrén, el camino trazado por Dios se extiende desde el Árbol (de la Vida) hasta la cruz: desde la "madera" hasta el "madero", y desde el Edén hasta Sion, desde Sion hasta la santa Iglesia, y desde la Iglesia hasta el reino.[36]

En torno a la revelación divina y su relación con símbolos y tipologías, hay un supuesto. A saber, los seres humanos son libres de aceptar o rechazar la revelación de Dios. Dios no trata con los seres humanos a la fuerza, sino que respeta la libertad de elección. Efrén explica:

> ¡Vean su bondad! Aunque pudo habernos hecho bellos a la fuerza, sin esfuerzo, Él se esfuerza en todo modo posible para que seamos bellos por nuestra propia elección, para que seamos nosotros mismos los artistas de nuestra belleza, usando los colores reunidos por nuestra propia libertad.[37]

Como se mencionó, la concepción siriaca de Dios es misteriosa, incluso en su revelación. Por un lado, la única respuesta apropiada

---

[35] Yousif, "Symbolisme christologiqe", p. 42.
[36] Murray, "Theory of Symbolism", p. 8
[37] San Efrén, *Hymn on the Faith*, núm. 31, p. 17.

ante Dios es el silencio; por el otro, Dios se ha manifestado en las formas creadas. Efrén establece su postura muy claramente:

> El hombre es demasiado pequeño como para comprender todos los lenguajes: si pudiera comprender el lenguaje de los espíritus guardianes, entonces quizá podría elevarse hasta comprender el silencio pronunciado entre el Padre y el Hijo.
> Nuestro lenguaje es extraño a las voces de los animales, el lenguaje de los Guardianes es extraño a todo lenguaje. El silencio que el Padre pronuncia a su Hijo es extraño (incluso) para los Guardianes.
> ¡Oh bondad! Cuando se revistió de todas las formas para que nosotros viéramos, también se revistió de todas las voces para enseñarnos. Su naturaleza es una, y puede ser contemplada: su silencio es uno, y puede ser escuchado.[38]

---

[38] Efrén, *Hymn on the Faith*, núm. 11, p. 18.

IV
Encarnación

La encarnación representa la plenitud de la revelación y el clímax de la creación humana. En su aspecto redentor corrige los efectos del pecado. El pecado introdujo discordia entre el cielo y la tierra, y también dentro de la propia humanidad. Los seres humanos, creados a imagen de Dios, ahora poseen una imagen distorsionada y fueron incapaces de beneficiarse de la gracia de la morada de Dios. El pecado también ha conducido a los seres humanos a la oscuridad y a la ignorancia. El Verbo de Dios, tanto instrumento como modelo de la creación, concreta ahora su plenitud en la historia. Con la gloria que tenía desde el comienzo, atraviesa un segundo nacimiento para reconciliar el cielo y la tierra, y permitir que los seres humanos vuelvan a ser partícipes de la naturaleza divina. Cristo no sólo sana el estado pecaminoso humano, sino que nos enseña a través de su luz, mostrándonos el camino hacia el Padre. Los padres siriacos conciben la obra redentora de Cristo como resultado de su entrada en tres senos: el seno de María, las aguas del Jordán y las profundidades del *sheol*. (La anáfora maronita para la consagración del agua bautismal afirma este concepto, cuando el celebrante dice: "Por tu voluntad, Padre, Hijo y Espíritu Santo, Él habitó en tres lugares: en un vientre de carne, en el seno del bautismo, y en las mansiones oscuras del *sheol*".) Al vencer el reino de la muerte y darnos el bautismo, Cristo gesta una nueva vida y una nueva creación. En este capítulo consideraremos la encarnación y sus efectos. En el siguiente capítulo estudiaremos el significado de la cruz, de la muerte y la resurrección.

De acuerdo con Efrén, el Verbo se encarnó para sanar a todas las creaturas. Pidió a su Padre que le diera la gloria que poseía con Él antes de la creación del mundo: la gloria con la que estaba revestido cuando las creaturas fueron creadas y con la que los seres humanos también habían sido revestidos. El Verbo buscó esta gloria para restaurar la armonía original de la creación.[1] En su *Comentario al Evangelio* 19, 17, Efrén explica:

> [El Señor] también dijo: "Glorifícame en tu presencia, con la gloria que tenía contigo antes de la creación del mundo" (Jn 17, 5). [Esto] fue cuando el Padre estaba creando las creaturas a través de su Hijo, de acuerdo con el salmista: "Él está vestido de esplendor y majestad" (Sal 104, 1), después de lo cual él los hizo surgir de la nada y los estableció como creaturas sin mancha... Tras la caída de Adán, las creaturas tuvieron que vestirse como signo de humillación, de acuerdo con las palabras del Apóstol, "las creaturas quedaron sujetas a la vanidad" (Rom 8, 20), y el Hijo del Creador vino a sanarlas [...], deseando restaurar y lograr el primer orden de la creación, [pidió] la gloria con la que estaba revestido al momento en que las creaturas fueron revestidas [de gloria].[2]

Efrén recurre a una especie de analogía para mostrar que, así como la encarnación fue el segundo nacimiento de Cristo, de igual modo los seres humanos tienen que pasar por un segundo nacimiento para ser redimidos. En la *Homilía sobre nuestro Señor*, Efrén afirma:

---

[1] Leloir, *Doctrines,* pp. 38-39.

[2] Carmel McCarthy (trad.), *St. Ephrem's Commentary on Tatian's Diatessaron*, Oxford, Oxford University Press, 1993, pp. 290-291.

> El Primogénito, que fue engendrado de acuerdo con su natu-
> raleza, experimentó otro nacimiento fuera de su naturaleza,
> para que nosotros también comprendiéramos que tras nues-
> tro nacimiento natural hemos de atravesar por otro nacimien-
> to fuera de nuestra naturaleza. Como ser espiritual, Él fue
> incapaz de hacerse físico hasta el momento de su nacimiento
> físico. Y del mismo modo los seres físicos no pueden volverse
> espirituales a menos que atraviesen otro nacimiento.[3]

***

La liturgia maronita refleja esta idea del doble nacimiento en la *sedro* del cuarto domingo de Pascua, que dice: "Oh Hijo Increado, a través de quien todas las cosas fueron creadas, Tú fuiste engendrado del Padre desde toda la eternidad y naciste de la Virgen María en la plenitud de los tiempos".

Revestido en la carne

El término más comúnmente empleado por los padres siriacos para describir la encarnación de Cristo es "se vistió del cuerpo" o "se revistió del cuerpo". Afraates ve a Jacob vistiendo a José como una tipología del Padre que envía al Hijo para que se revista del cuerpo. De acuerdo con Robert Murray, Afraates usó la frase frecuentemente, y percibe en la acción de Cristo revistiéndose del cuerpo una fuente de nuestra resurrección. Sin embargo, Afraates nunca desarrolla la idea de la solidaridad del cuerpo de Cristo con nuestra naturaleza corpórea.[4]

Por otro lado, en su *Himno sobre la Natividad*, núm. 9, Efrén se refiere a Cristo como un "hacedor" al igual que su Padre, quien se hizo a sí mismo en el vientre y se "revistió de un cuerpo puro". Con su

---

[3] Mathews y Amar (eds.), *St. Ephrem the Syrian,* p. 275.

[4] Murray, *Symbols,* pp. 69-70, 310.

encarnación atrae la misericordia de su Padre, "e hizo que nuestra debilidad se revistiera de gloria".[5] Efrén también habla de "la vestimenta [el cuerpo] del Señor" como vehículo de sanación. En el "vestido visible" de Cristo "reside un poder oculto".[6] Efrén extiende la imagen de los ropajes para describir el misterio de la Eucaristía. En su *Himno sobre la fe*, núm. 19, explica:

> Oh Señor, Tú posees dos vestidos, la vestimenta [del] cuerpo, y el Pan, el pan de vida. ¿Quién no se admiraría ante la vestimenta de tu cambio? Porque el cuerpo ocultó tu esplendor, tu naturaleza asombrosa. Tu vestimenta ocultó nuestra naturaleza más débil; el pan esconde el Fuego que habita en su interior.[7]

Murray especula que el encratismo en los *Hechos de Tomás* podría haber sido influido por la convicción de que Cristo, al "revestirse del cuerpo", lo santificó e hizo posible su continencia.[8]

***

La liturgia maronita conserva esta imagen en la respuesta al trisagio de la fiesta de la Natividad. "Oh Cristo, que te revestiste de la carne, ten piedad de nosotros." La *Anáfora de Pedro III*, en la oración después del "Santo, Santo, Santo", declara: "Te has revestido de nuestra humanidad para darnos vida en tu divinidad".

---

[5] San Efrén, *Ephrem the Syrian: Hymns*, p. 125.

[6] Murray, "Hymn of St. Ephrem", p. 143.

[7] *Ibid.*, pp. 146-147.

[8] Murray, *Symbols*, p. 311.

La reconciliación entre los cielos y la tierra

En opinión de los padres siriacos, el efecto más penetrante de la encarnación fue reconciliar cielos y tierra. En su *Comentario al Diatessaron*, Efrén explica que Cristo fue, al mismo tiempo, tanto hombre visible como Dios oculto. Con su encarnación, Cristo logra la reconciliación entre los cielos y la tierra a través de su carne, que se acerca a su divinidad.[9] Para Efrén, el acto de *kénosis* es el acto de la reconciliación. En el *Himno sobre la Natividad*, núm. 4, declara que, al descender a la tierra y nacer, "el Santo" reconcilió los cielos y la tierra.[10] En su *Himno sobre el pan ácimo*, Efrén abunda en esta idea, e insinúa que esto da lugar a la santificación humana: "Admiro tu misericordia, la cual has extendido a los pecadores. Rebajaste tu grandeza para enriquecer nuestra miseria, a fin de que nos convirtiéramos, gracias a tu bondad por nosotros, en compañeros de los seres de las alturas".[11]

***

La liturgia maronita refleja esta enseñanza en la *Anáfora de Pedro III*, que declara: "Sí, te lo pedimos a ti, Hijo unigénito del Padre, por quien la Paz ha hablado con nosotros, Hijo del Altísimo, en quien lo alto y lo bajo se reconciliaron". A su vez, en la "oración penitencial" del domingo de la Visitación a Isabel, encontramos lo siguiente: "Que seamos dignos de alabar, de confesar y de glorificar al Señor de toda la eternidad, que se mantuvo oculto en el vientre de una virgen; el 'Anciano de los Días', que se ocultó en el templo de la Virgen; el Dios eterno que reunió al cielo y a la tierra conversando con una sencilla doncella". La oración *etro* declara: "Oh Señor, eres paz que media en-

---

[9] Leloir, *Doctrines,* p. 24.

[10] San Efrén, *Ephrem the Syrian: Hymns,* p. 91.

[11] Jean Gribomont, "Les hymnes de Saint Ephrem sur la pâques", *Melto,* núm. 13, 1967, pp. 154-155.

tre las alturas y las profundidades". Un *qolo* para los días de la semana de Epifanía reza: "Cuando fue bautizado, reunió las alturas con las profundidades". La *etro* de laudes del domingo de la Dedicación de la Iglesia entona: "Señor, tú eres la paz viviente que reconcilió los cielos con la tierra".

Naturaleza divina compartida

Como se indicó previamente, el segundo nacimiento de Cristo se convierte en la base de nuestra divinización. A través de la encarnación, los seres humanos, sin dejar de serlo, adoptan una nueva dimensión a través del bautismo, convirtiéndose en hijos e hijas de Dios. Éste era el papel destinado a los seres humanos desde el comienzo de la creación. Habían sido creados para ser hijos de Dios pero, debido al mal uso de su libertad, no cumplieron el papel para el que estaban destinados.[12]

Efrén utiliza una variedad de imágenes para expresar esta verdad. En la *Homilía sobre nuestro Señor* habla sobre cómo el Verbo cambia su morada, dando pie a nuestra elevación. Afirma:

> Alabado sea Él, que abandonó un asilo para residir en otro, para venir y procurarnos el asilo de Aquel que te envió. El Unigénito transitó de la Divinidad para habitar en una virgen, para que a través del nacimiento físico del Unigénito pudiera convertirse en hermano de muchos. Y también transitó del *sheol* para residir en el reino, a fin de trazar un camino desde el *sheol*, que a todos engaña, hasta el reino, que a todos recompensa.[13]

Nuestra santificación, gracias al hecho de compartir una humanidad común con Cristo, queda explícitamente articulada en la

---

[12] Brock, "Mary and the Eucharist: An Oriental Perspective", *Sobornost* 1, núm. 2, 1979, p. 52.

[13] Mathews y Amar (eds.), *St. Ephrem the Syrian*, pp. 273-274.

Homilía sobre nuestro Señor: "Gloria al que tomó de nosotros a fin de darnos, para que pudiéramos recibir del modo más abundante lo que le pertenece a través de lo que es nuestro".[14]

Como se indicará, la santificación de los seres humanos a través de su incorporación en la divinidad de Cristo se extiende a través de los misterios (sacramentos). Jesús recibe el Espíritu en el bautismo, a fin de que podamos también nacer del Espíritu;[15] y la incorporación en Cristo ocurre especialmente en la Eucaristía. En definitiva, esta santificación ocurrirá en la Iglesia.[16]

***

La liturgia maronita celebra esta unión con Cristo en la "oración de la intinción": "Has unido, oh Señor, tu divinidad con nuestra humanidad; y nuestra humanidad con tu divinidad; tu vida con nuestra mortalidad y nuestra mortalidad con tu vida. Has asumido lo que es nuestro y nos has dado lo que es tuyo para la vida y la salvación de las almas. La gloria sea a ti por siempre." Esta misma oración se encuentra en la *Anáfora de Pedro III* y en el oficio de laudes del Jueves Santo. Este tema también se encuentra en la *sedro* de la liturgia bautismal, que declara: "Al compartir nuestra naturaleza humana, debilitada por el pecado de Adán, nos permitiste ser partícipes de tu divinidad y recibir el don de la vida".

La oración después del "Santo, Santo, Santo" en la *Anáfora de Juan Crisóstomo* declara: "Gloria a ti, Dios, Padre celestial, pues has exaltado nuestra débil naturaleza humana. Por tu misericordia enviaste a tu único Hijo para nuestra salvación... Él, voluntariamente, se hizo hombre para hacernos divinos. Nació del seno de una mujer, para que pudiéramos nacer de nuevo de un seno espiritual. Se convir-

---

[14] *Ibid.*, p. 285.
[15] Burkitt, *Early Eastern Christianity*, pp. 103-104.
[16] Murray, *Symbols,* p. 70.

tió en nuestro hermano, para que, a través de su gracia, pudiéramos convertirnos en tus hijos y herederos".

Con esta nueva creación tiene lugar la disipación del pecado. En el *Himno de Nísibis*, núm. 35, Efrén explica: "El pecado nuevamente dijo: 'Quizá tenga que renunciar y cambiar lo que soy; pues este Hijo de María, que ha llegado como una nueva creación, ha creado a la humanidad'".[17]

Renovación de nuestra imagen

Para san Efrén, Cristo encuentra la imagen original de Adán, distorsionada y perdida tras la Caída, y la restaura como "imagen de Dios". Para el cristiano, la restauración definitiva acontece con el bautismo y con la nueva vida en la fe.[18]

En la *Homilía sobre la Natividad*, Efrén explica: "Por amor vino a renovar la imagen envejecida de Adán". Afirma que el día del nacimiento de Cristo se asemeja al primer día de la creación. Tal y como la creación fue establecida en el primer día, del mismo modo ahora es renovada. La tierra ahora ha sido bendecida ahí donde el pecado de Adán la había maldecido. Ahí donde la muerte había entrado en el mundo, con Cristo nuevamente volvemos a tener vida.[19]

En su *Himno sobre la Natividad*, núm. 1, Efrén explica que, así como el Señor adoptó una naturaleza diferente, los seres humanos deberían derrocar su voluntad perversa a través de la naturaleza de su libre albedrío. Dios imprimió su imagen en nuestra humanidad para que portáramos el sello de su divinidad.[20]

---

[17] San Efrén, *Nisibene Hymns,* en Schand y Wace, *Select Library of Nicene and Post-Nicene Fathers,* núm. 13, pp. 194, 226.

[18] Kronholm, *Motifs,* p. 66.

[19] Brock, *Harp,* pp. 64-67.

[20] San Efrén, *Ephrem the Syrian: Hymns,* p. 74.

En su *Himno sobre la Natividad*, núm. 17, Efrén extiende la acción de la renovación a toda la creación. Refiriéndose al Verbo encarnado como el Hijo del Creador, declara que Cristo renovó el cielo, porque los seres humanos habían adorado a las estrellas. También renovó la tierra, que había envejecido a causa del pecado de Adán. A través de su naturaleza humana fue capaz de sanar los cuerpos y las mentes.[21]

***

En la liturgia maronita, la *Anáfora de Santiago* declara que cuando los seres humanos se habían extraviado, Dios Padre no los abandonó, sino que los llamó de vuelta a través de la ley y de los profetas; "y cuando se cumplió el tiempo, enviaste a tu Hijo al mundo para que renovara tu imagen". El *qolo* de la Fiesta de Resurrección reza: "Dios Padre envió a su Hijo, para renovar la imagen de Adán". La *sedro* de vísperas de los miércoles de Cuaresma reza: "Adoptaste nuestra imagen para darnos la tuya; ayunaste de alimento y bebida para redimir a Adán, que había comido del fruto prohibido, y de esta manera restauraste la imagen que la avaricia humana había dañado, y devolviste a los seres humanos la confianza y el gozo que habían perdido".

La oración después del "Santo, Santo, Santo" de la *Anáfora de san Juan* declara: "Por nuestra salvación, enviaste a tu Hijo que descendió, se encarnó y fue crucificado por nosotros, que habíamos corrompido su imagen". En la liturgia divina, la oración después del prefacio de la *Anáfora de Juan Evangelista* declara: "Enviaste a tu Hijo, quien se hizo hombre y sufrió por nosotros, que distorsionamos la imagen con la que fuimos creados".

---

[21] *Ibid.*, p. 156.

Revestidos de gloria

De acuerdo con el modo de pensar siriaco, la restauración de la imagen de Dios, que Adán había distorsionado, trae consigo el regreso del "manto de gloria". En el *Himno sobre la Natividad*, núm. 5, Efrén explica que, por medio de su nacimiento, Cristo intercambió el esplendor por la vergüenza que Adán asumió.[22] En la *Homilía sobre la Natividad*, núm. 12, Efrén representa a Adán regocijándose por el nacimiento de Cristo, pues recobró la gloria que había perdido.[23] En el *Himno sobre la Natividad*, núm. 1, Efrén describe a Eva buscando a Cristo, para que revista su desnudez no con hojas, sino con la misma gloria que tanto ella como Adán habían intercambiado y perdido.[24]

***

En la anáfora de la consagración del agua bautismal, la liturgia maronita declara: "Que quienes se sumerjan en ellas [las aguas bautismales] y sean bautizados, queden limpios, queden purificados, y queden revestidos del manto de la justicia". La "oración penitencial" del domingo de la Resurrección del Señor reza: "Así como Tú [Cristo] nos salvaste a través de tu pasión, y nos diste vida con tu resurrección, así también ahora reviste nuestros cuerpos con el poder de tu Espíritu, para que podamos brillar con el manto de gloria y podamos conocerte, oh Cristo, el verdadero Esposo". Un *qolo* de la liturgia de los domingos declara: "El Señor se levantó en el domingo con glorioso esplendor; venció el sufrimiento, destruyó y derrotó a la muerte. Trajo de regreso a los pecadores y los revistió con el manto de gloria".

Asimismo, san Efrén ve la encarnación como una acción necesaria para ayudar a los necesitados y a los pecadores. Antes que

---

[22] *Ibid.*, p. 106.
[23] Brock, *Harp,* p. 67.
[24] San Efrén, *Ephrem the Syrian: Hymns,* p. 69.

nada, es importante que Dios sea visible. En la *Homilía sobre nuestro Señor*, Efrén explica que el poder divino no podía tratarse directamente y, por ende, tuvo que revestirse de un cuerpo para poder ser tocado. Los seres humanos pueden acercarse a Él y gracias a su humanidad pueden reconocer su divinidad.[25] Efrén concibe a Cristo revestido de un cuerpo creado para cautivar a los seres humanos y acercarlos a Dios. En el *Himno sobre la Natividad*, núm. 21, afirma:

> Dios había sido testigo de cómo adorábamos a las creaturas. Se revistió de un cuerpo creado para cautivarnos por este mismo hábito. A través de esta conformación fuimos sanados por el Conformador, y a través de esta creatura el Creador nos devolvió la vida. Su fuerza no nos gobernó. Bendito sea Él que se sumergió en lo que es nuestro, y nos mezcló con lo que es suyo.[26]

Efrén cree que los milagros de sanación de Cristo fueron también oportunidades para dar sus enseñanzas. En el *Himno sobre el pan ácimo* explica: "Él es perfecto en su bondad, pues ha combinado su liberalidad con sus enseñanzas. Ha sanado a los poseídos y, al curarlos, les ha enseñado. Fueron ilustrados por el propio hecho de haber sido sanados".[27]

***

El tema del papel docente de Cristo encarnado se refleja en la liturgia maronita. La *sedro* de laudes del cuarto domingo de Cuaresma reza: "Enviaste a tu único Hijo para que el mundo te conociera y te amara como Tú le has amado. Cristo, nuestro Dios, te damos gracias, a ti

---

[25] *Ibid.*, p. 326.

[26] *Ibid.*, p. 176. El mismo tema se repite en el *Himno sobre la Natividad*, núm. 22, de Efrén.

[27] Gribomont, "Hymnes", pp. 154-155.

que te hiciste semejante a nosotros para enseñarnos el camino que lleva al Padre". En la *sedro* de vísperas de miércoles, Cristo es descrito del siguiente modo: "Has venido, has caminado sobre la tierra, y nos has trazado un camino que lleva hasta los cielos".

El bautismo de Cristo

Como ya se ha indicado previamente, el progreso de la encarnación implica tres senos o "estadios": el seno de María, el seno del Jordán y el seno del *sheol*. Jacobo de Sarug lo explica: "Él completó todo su camino en tres etapas: habitó en la Virgen y nació, aunque era Dios; recibió el bautismo, aunque era Dios; descendió al *sheol*, y el mundo reconoció que él era Dios". Para Jacobo, el bautismo cristiano tiene su origen en dos momentos diferentes a la encarnación: en el bautismo de Cristo en el Jordán, y cuando traspasaron su costado en la cruz. Los eventos salvíficos y sacramentales de estos eventos se discutirán en el capítulo sobre la iniciación cristiana.

Dado que Juan es "el hijo de los levitas", el bautismo de Cristo por manos suyas proveyó un camino para transmitir el sacerdocio judío al cristianismo. Esta doctrina se encuentra en etapas tempranas de la tradición siriaca.[28] En su *Himno sobre la Natividad*, núm. 4, Efrén afirma que el Verbo preexistente hecho carne confirió a Moisés la imposición de las manos, para posteriormente recibirla por medio de Juan en el Jordán.[29]

***

En la liturgia bautismal maronita, una oración durante la consagración del agua declara: "Bendito seas, oh Señor Dios, pues purificaste

---

[28] Brock, "Baptismal Themes in the Writings of James of Sarugh", *Orientalia Christiana Analecta*, núm. 205, 1978, pp. 325-336.

[29] San Efrén, *Ephrem the Syrian: Hymns*, p. 104.

y santificaste estas aguas por el poder de la gloriosa Trinidad, convirtiéndose en un nuevo vientre que da a luz hijos espirituales".

Doctrina sobre Cristo

Adoptando una cristología descendente, san Efrén y los padres siriacos afirman la doctrina de Nicea sobre la igualdad entre el Verbo y el Padre. En la oración citada en la *Carta a Publio* de Efrén, queda clara la creencia de Nicea:

> Contemplen [...] el rayo de su luz [...], a Él, que es igual en esencia a su engendrador, a Él cuya naturaleza es proporcional a aquélla de la que surgió, a Él que está a su lado y, no obstante, está lejos de Él, a Él que está mezclado con Él y, no obstante, está distante de Él, a Él que está con Él y no le es distante, a su derecha y no lejano.[30]

De acuerdo con la mentalidad siriaca, la divinidad de Cristo siempre estuvo operando. Aunque acepta su verdadera humanidad, a su vez afirma la paradoja de que, en cada momento de la vida humana de Cristo, también su divinidad estaba controlando el mundo. Efrén, en el *Himno a la Natividad*, núm. 4, presenta esta creencia a través de una paradoja poética. Habla de Cristo niño dando órdenes a la creación, pues Él es la única fuente del ser. Mientras permanecía en el vientre siguió formando niños en su vientre. Mientras caminaba sobre la tierra siguió guiando la creación. Al ser Dios, siguió recibiendo la alabanza de los ángeles y de los seres humanos. Estando en la cruz, fue Él quien por su poder oscureció el sol, hizo que la tierra se cimbrara y abrió las tumbas para liberar a los muertos.[31]

Por otro lado, atendiendo a la postura de Efrén, Cristo era el ser humano perfecto. En su *Comentario sobre el Diatessaron*, describe a

---

[30] Brock, "Ephrem's Letter to Publius", p. 278.
[31] San Efrén, *Ephrem the Syrian: Hymns,* pp. 100-102.

Cristo libre de pecado y concupiscencia. No tiene deficiencia alguna y no puede ser engañado. Dado que Cristo vino como médico, no podía estar moralmente enfermo; y como es pastor, no podía extraviarse; como maestro tampoco podía equivocarse; y por ser luz, no podía tropezar. Por lo tanto, Cristo es perfecto desde su concepción hasta su resurrección.

Sin embargo, tras toda nuestra especulación teológica, se nos recuerda que estamos tratando con un misterio. En la encarnación todavía nos encontramos con el ocultamiento de Dios. En el *Himno sobre la Natividad*, núm. 13, Efrén declara: "Si alguien busca tu naturaleza oculta, ésta está en el cielo, en el gran seno de la Divinidad. Si alguien busca tu cuerpo revelado, éste descansa y vela desde el pequeño seno de María. ¿Quién podría sondearte, Gran Mar que se empequeñeció a sí mismo?"[32]

Efrén no abordó la encarnación recurriendo a términos filosóficos griegos. Como se ha mencionado, expresa esta verdad a través de la riqueza de la imaginería. El término que utiliza con mayor frecuencia para referirse a las dos naturalezas de Cristo es "mezcla" (*mzag* en siriaco). También lo usa para expresar la unión de los seres humanos con Cristo por medio de la gracia y de los sacramentos.[33]

Schema

Jacobo de Sarug trata la creación recurriendo al término *schema*. A su modo de ver, éste representa "una forma o modo de existencia". Por ejemplo, el *schema* de un monje podría ser vivir en una ciudad, en un monasterio, o vivir en soledad. Por lo tanto, Jesús es Dios por naturaleza, pero bajo la imagen y el *schema* de un ser humano. Vino a habitar en el seno de la Virgen en el *schema* de un hombre y, de este modo, María se convirtió en "una carta cerrada llena de secretos".

---

[32] *Ibid.*, p. 138.
[33] Murray, "Hymn of St. Ephrem", p. 147.

Jacobo afirma: "Y bajo el *schema* de los siervos visitó a los siervos y los liberó".[34]

La noción de *schema* sirve como un posible modelo para explicar la doctrina de la encarnación. Para Jacobo, un pensamiento (palabra) puede existir al mismo tiempo en dos *schema*: en un primer *schema*, en la mente del escritor de una carta, y en un segundo *schema*, bajo la forma de escribir en una página. En el primer *schema* la palabra es intangible e ilimitada; en el segundo *schema*, la palabra es tangible y también limitada. Nadie puede acceder al pensamiento en la mente de otra persona mientras esté en su mente; por otro lado, uno tiene acceso inmediato al mismo pensamiento en cuanto es puesto por escrito.[35]

En un desarrollo teológico posterior, algunos escritores siriacos perciben toda la humanidad como si estuviera divinizada por la encarnación y la unión con lo divino. Por ejemplo, Roberta Chesnut observa que Jacobo de Sarug concibe la naturaleza humana como un colectivo concreto. El Verbo no sólo se unió con la humanidad individual de Jesús sino que, a través de Cristo se unió con toda la raza humana. Chesnut afirma que Jacobo no distingue claramente entre la "mezcla" del Verbo y la humanidad en general, y la "mezcla" de la divinidad y la humanidad en Jesús. Al unirse el Verbo con la humanidad, el Padre establece una relación próxima con la raza humana; en este sentido, vuelve a usarse el término "mezcla". Chesnut hace referencia a la *Carta 19* de Jacobo, que afirma que Cristo vino "por su Padre, para que pudiera ser un padre para nosotros [...] y se mezcló con nosotros respecto al género con su engendrador".[36]

---

[34] Citado por Chesnut, *Three Monophysite Christologies,* pp. 115, 122-123.

[35] *Ibid.,* pp. 123-124.

[36] *Ibid.,* p. 135.

V
Redención

En su teología, los padres siriacos no separan la redención de la encarnación de Cristo. El Verbo de Dios, desde el comienzo del mundo, por su "ternura" quiso restaurar su imagen en los seres humanos, pues el pecado la distorsionó. A través de un movimiento continuo, el Verbo se humilla a sí mismo y se encarna, entrando en el seno de María, en las aguas del Jordán y en la boca del *sheol* (la región de los muertos), donde derrota a la muerte y dirige a los seres humanos a través de un camino que lleva hasta el reino del Padre. Los dos eventos en los que más se enfocan son la muerte en la cruz y el descenso al *sheol*. La cruz se convierte en una cruz victoriosa y en el nuevo "árbol de la vida". Se ve que brotan del evento de la cruz los misterios del bautismo, de la Eucaristía, de la coronación (es decir, el matrimonio) y de la Iglesia. El "descenso al *sheol*" ofrece una imagen de la conquista definitiva sobre la muerte y sobre el príncipe de los infiernos. Efrén concibe toda la vida de Cristo como redentora. La muerte de Cristo es la culminación del "descenso" del Hijo hasta nuestro mundo, viviendo en humildad, manteniendo su misterio oculto. La salvación es resultado del ascenso hasta la derecha del Padre, triunfante sobre el pecado.[1] A través del entramado de diversos

---

[1] Gribomont, "Le triomphe de pâques d'après S. Ephrem", *Parole de l'Orient*, núm. 4, 1973, pp. 148, 158-159, 185.

temas y de la imaginería, los padres siriacos desarrollaron su doctrina sobre la redención.

Jean Gribomont sostiene que Efrén ignora la doctrina paulina de la redención y que, en cambio, se enfoca en la tipología del Antiguo Testamento. Por un lado, preponderan los temas de la creación, del paraíso y del Cordero pascual. Por el otro, la persona de Cristo es el misterio mismo de la salvación es la persona de Cristo. Los versículos más hermosos de Efrén referentes a la redención son aquellos que contemplan la divinidad oculta en la cruz, que contrasta con la oscuridad del Gólgota.[2]

Efrén, en su *Comentario al Éxodo*, claramente considera el sacrificio de Cristo como el cumplimiento de una "tipología" representada por el primer cordero de la Pascua judía. Cita Éxodo 12, 2-7, resaltando cómo en este pasaje se indica que un cordero debía ser entregado en el décimo día del Nisán, para que fuera sacrificado el día decimocuarto. A continuación apunta lo siguiente:

> El cordero es la tipología de nuestro Señor, que entró en el seno el décimo día del Nisán [el día que Efrén calcula como la fecha de la Anunciación de María]... y así, en el décimo día [del Nisán], cuando el cordero fue encerrado, nuestro Señor fue concebido. Y cuando en el día decimocuarto [el cordero] fue sacrificado, su tipología fue crucificada.[3]

Sacrificio y muerte en la cruz

Efrén es explícito al resaltar el sacrificio redentor de Cristo. Declara: "Los sacerdotes impuros no eran dignos de ofrecer el Cordero Inmaculado. Por eso, Él se convirtió en la víctima de la paz, y reconcilió las alturas con los abismos a través de su sangre, que lo

---

[2] Gribomont, "Hymnes", pp. 171-182.

[3] Mathews y Amar (eds.), *St. Ephrem the Syrian*, pp. 246-247.

pacificó todo".[4] Efrén desarrolla un tema similar en sus *Himnos sobre la virginidad.* Ahí describe a Cristo como "la ofrenda aceptable, un sacrificio ofrecido por sí mismo con su poder para santificarnos". Cristo reemplaza la sangre de los animales de la antigua alianza. Él es el cordero que al mismo tiempo es sacerdote.[5]

Asimismo, para Efrén la Eucaristía es el "misterio" de dicho sacrificio. Al describir las acciones de la última cena, Efrén explica: "Partió el pan con sus manos en el misterio del sacrificio de su Cuerpo; y mezcló el cáliz con sus manos en el misterio del sacrificio de su Sangre. Él es quien es inmolado y es también quien hace la ofrenda, como sacerdote de nuestra expiación".[6]

La cruz reconcilia a los cielos con la tierra

Efrén relaciona el anuncio de los ángeles en el nacimiento de Cristo con la obra lograda a través de la cruz. En su *Comentario al Diatessaron* explica:

> Cuando descendió a la tierra y se revistió de la humanidad, los ángeles exclamaron: "Paz en la tierra". Y cuando la humanidad ascendió y fue elevada, siendo proyectada hasta la divinidad, sentándose a su derecha, los hijos exclamaron en su presencia: "Paz en los cielos, bendición en las alturas". Así, el Apóstol nos enseñó a decir: por la sangre de su cruz, ha purificado todo lo que hay tanto en los cielos como en la tierra.[7]

---

[4] Efrén, *Hymn on the Unleavened Bread,* núm. 2, p. 6, citado en Yousif, "Le sacrifice et l'offrande chex Saint Éphrem de Nisibe", *Parole de l'Orient,* núm. 15, 1988-1989, pp. 21-40, 24.

[5] Murray, "Hymn of St. Ephrem", p. 41; véase también Efrén, *Nisibine Hymn,* núm. 66, *Nisibene Hymns,* en Schaff y Wace, *Select Library of Nicene and Post-Nicene Fathers,* núm. 13, p. 218.

[6] San Efrén, *Hymn on the Unleavened Bread,* núm. 2, p. 7, en Yousif, "Sacrifice", p. 27.

[7] Yousif, "Le symbolisme de la croix dans la nature chez Saint Ephrem", *Orientalia Christiana Analecta,* núm. 205, 1978, p. 215.

En su *Himno sobre la Epifanía*, núm. 2, Efrén habla sobre los muertos que reciben la vida a través de la muerte de Cristo, y afirma claramente la reconciliación de los cielos y de la tierra. Dice lo siguiente: "¡Que los muertos que han vivido gracias a su muerte agradezcan, junto con nosotros! ¡[Que] en el trigésimo año, que agradezcan los vivos que se convirtieron gracias a su cruz, y los cielos y la tierra que se han reconciliado en Él!".[8] Efrén extiende la obra redentora hasta la ascensión cuando, en su *Hymni Dispersi*, núm. 22, alaba a Cristo, quien con su humildad nos salvó y nos dio paz a través de su cruz, "elevándonos a través de su Ascensión".[9]

Aunque Jacobo de Sarug se concentra más en el descenso de Cristo al *sheol*, opina que gracias a la cruz la raza humana ahora se encuentra en una nueva condición. El enorme muro de la enemistad que separaba a los seres superiores de los inferiores ha sido destruido; Dios y los seres humanos ya no están enojados entre sí. De hecho, Jacobo recurre al término "mezclar" para describir el modo en que el Verbo encarnado reconcilió ambos "lados", a Dios y a la humanidad, que estaban enojados entre sí, hasta generar entre ellos un estado de paz. Roberta Chesnut cita a Jacobo de Sarug, quien afirma:

> El amor de Dios fue revelado al mundo en la cruz de su Hijo, y esa cruz destruyó el muro de enemistad que la Serpiente levantó entre Adán y Dios, y dio por terminado el decreto de muerte que recibiera Adán por transgredir su mandato. Y así estableció la paz entre los seres superiores y los seres inferiores, mezclando ambos lados entre sí para que la primera enemistad quedara en el olvido.[10]

***

---

[8] Lamy, *Sancti Ephraem*, pp. 25-28.

[9] Citado por Youssif, "Symbolisme de la croix", p. 212.

[10] Chesnut, *Three Monophysite Christologies*, pp. 117-135.

La anáfora siriaca intitulada *Anáfora de san Celestino* refleja la obra reconciliadora de la cruz en su oración de la paz: "Oh Dios, inmensurable mar de tranquilidad, fuente inagotable de amor, por la cruz de tu Hijo unigénito has eliminado todos los obstáculos para la armonía. Has concedido la paz y has unido a las creaturas celestiales y terrenales. Por el poder de tu señorío, has reconciliado al mundo". A su vez, las vísperas de la exaltación de la cruz declaran: "Bendita sea la cruz, por la que la paz reina entre las alturas y los abismos, que la luz se difunda sobre la tierra".

La cruz como puente

Si la cruz establece la reconciliación, resulta natural que sirva como puente entre la muerte y la vida. Sobre esta noción también influyó la creencia de que la cruz, como "árbol", vence el pecado que llegó por el árbol del paraíso. Efrén explica en su *Homilía sobre el Señor*: "Éste es el hijo del hábil carpintero que levantó su cruz sobre el *sheol* que todo lo consume, y que condujo a la humanidad hasta el lugar de vida. Así como la humanidad cayó en el *sheol* a causa de un árbol, ahora atraviesa hasta el lugar de la vida sobre un árbol".[11]

Los padres siriacos también contrastan la espada que el ángel portaba para mantener a los seres humanos fuera del paraíso con la lanza que traspasó el costado de Cristo. Efrén explica en su *Himno sobre la cruz*:

> Bendito seas, oh madero viviente [de la cruz], pues te has convertido en una lanza oculta para la muerte; en efecto, el Hijo traspasado por la lanza ha acabado con la muerte en cuanto dicha lanza le atravesó. Su lanza ha anulado esa lanza, pues su perdón ha destruido la sentencia [de nuestra condena] y,

---

[11] Mathews y Amar (eds.), *St. Ephrem the Syrian*, 280; véase también Youssif, "Symbolisme de la croix", p. 221.

oh maravilla, el paraíso de los bienaventurados ahora recibe a quienes debían ser expulsados, siendo ahora el lugar en el que los rechazados [recuperaron] su hogar.[12]

***

El *mazmooro* de la liturgia divina de los sábados entona: "Que tu cruz sea un puente para los difuntos que visten el manto del bautismo, para que crucen hasta el refugio de la vida".

La Iglesia como la esposa ante la cruz

A su vez, la redención lograda a través de la cruz es el origen del establecimiento de la Iglesia. Para los padres siriacos, en el Jordán Cristo eligió a la Iglesia por esposa y posteriormente la desposó en la cruz, con lo cual su ajuar quedó marcado con la sangre que brotó del costado de Cristo. También se ve en la sangre y el agua el símbolo del bautismo y de la Eucaristía, que reúnen a los hijos humanos del Padre y a una parte de los salvados. Jacobo de Sarug afirma:

> El costado del esposo ha sido atravesado, y de él ha salido la esposa, cumpliendo la tipología de Adán y Eva. Desde el principio Dios sabía esto y plasmó a Adán y a Eva a semejanza de la imagen de su Hijo unigénito; se quedó dormido en la cruz, al igual que Adán quedó profundamente dormido; su costado fue atravesado, y de él surgió la Hija de la Luz, el agua y la sangre, como imagen de los hijos divinos que serían los herederos del Padre que ama a su Unigénito.
> La quietud del sueño de la muerte cayó sobre Él en la cruz, y de Él surgió la Madre que da a luz a todos los seres espirituales.

---

[12] Yousif, "La croix de Jesus et le paradis d'Eden dans la typologie biblique de Saint Ephrem", *Parole de l'Orient,* núms. 6-7, 1975-1976, p. 46.

El hijo del rey organizó una fiesta de bodas en la cruz del Gólgota; ahí, la Hija del Día se comprometió con Él para ser suyo, y forjó su anillo real con los clavos de sus manos, y con su santa sangre aconteció el desposorio. Ahí tomó su mano, viendo que le había mostrado amor incluso en medio de sus sufrimientos; la sentó a su derecha para que permaneciera con Él. La dirigió hasta el Jardín, la cámara nupcial que para ella había preparado.[13]

***

La liturgia maronita habla sobre el desposorio entre Cristo y la Iglesia en el Gólgota. Durante el tiempo de la Pascua, el *etro* de las vísperas reza: "Oh Cristo, mientras colgabas de la cruz, tu Iglesia surgió de tu costado herido, al igual que surgió Eva del costado de Adán en el paraíso". En la "oración penitencial" del domingo de Canaán, se suplica: "Que seamos dignos de adorar, de confesar y de glorificar al Esposo que desposó a la Iglesia con su sangre y que se sacrificó por ella". A su vez, la "oración penitencial" del "rito del matrimonio" se dirige a "Jesucristo, el Esposo celestial que, al entregarse para morir en la cruz, estableció amor y fidelidad eternos con su Esposa, la Iglesia".

Reflexionando en torno al simbolismo del madero como la figura definitiva de la cruz, Efrén percibe a través de una imaginería compleja el arca de Noé como un símbolo de la cruz, de la Iglesia y del bautismo. En su *Himno sobre la fe*, núm. 49, describe cómo el arca simbolizó la cruz y el "timón de su piloto", que acabó construyendo la Iglesia "sobre las aguas". Cristo salva en el nombre de la Trinidad, y el Espíritu, tomando el lugar de la "paloma", concede su unción salvífica.[14]

---

[13] Citado por Brock, "The Mysteries Hidden in the Side of Christ," *Sobornost* 7, núm. 6, 1978, pp. 463-467.

[14] Yousif, "Symbolisme de la croix", pp. 218-219.

Jacobo de Sarug ofrece una profunda reflexión en torno a la teología del matrimonio, al descubrir en cada matrimonio entre un hombre y una mujer un reflejo del misterio del desposorio entre la Iglesia y Cristo. Sin embargo, este misterio no fue revelado hasta la crucifixión y las posteriores enseñanzas de san Pablo. Jacobo de Sarug, en su *Homilía sobre el velo de Moisés*, explica:

El Padre oculto desposó a una esposa con su Unigénito, tras instruirla simbólicamente a través de la profecía. Por su amor construyó un gran palacio para la esposa de la luz, y plasmó al esposo de diversos modos en su hogar real.

Moisés entró y, como un diestro artista, esbozó al esposo y a la esposa, para luego cubrir el gran cuadro con un velo.

Dejó por escrito: "El hombre dejará a su padre y a su madre y se unirá a su mujer, llegando a ser una sola carne".

Cubrió sus palabras de diversos modos, manteniéndolas ocultas para los extraños.

Y de este modo pintó un cuadro dentro de la cámara del esposo real; les llamó "hombre y mujer", aunque sabía la verdad, que uno era Cristo y la otra era la Iglesia, ambos velados [...] Tras la fiesta de bodas [es decir, los misterios de la redención], Pablo entró y admiró el velo que ahí se encontraba; lo tomó y lo quitó de la bella pareja [...] y comenzó a mostrar qué era el cuadro velado: "en aquellos llamados 'hombre y mujer' en los escritos proféticos, reconozco a Cristo y a su Iglesia, los dos siendo uno". El esposo hizo que la Hija del Día entrara en un nuevo vientre, y las arduas aguas del bautismo estuvieron en el parto que volvieron a darla a luz: descansó en el agua y la invitó: ella descendió, se revistió de Él y ascendió.[15]

---

[15] Brock, "Jacob of Serugh on the Veil of Moses", *Sobornost* núm. 3, 1981, pp. 74-75; véase también D. O. Rousseau, en su introducción a Alphonse Raes, *Le mariage, sa célébration et sa spiritualité dans les églises d'Orient*, Chevetogne, Bélgica, Editions de Chevetogne, 1959, pp. 13-16.

Bautismo y Eucaristía

Como ya se ha indicado, la cruz aparece como si fuera la fuente del bautismo. En palabras de Jacobo de Sarug: "Cristo vino e inauguró el bautismo con su cruz... El agua y la sangre brotaron para conformar a los hijos espirituales, y así el bautismo se convirtió en la madre de los vivientes."[16]

***

La liturgia maronita reitera esta doctrina en la *epíklesis* del aguabautismal, al declarar: "Que [el agua] se convierta en el agua que brotó del costado de tu único Hijo sobre la cruz, para que purifique y limpie a todos los que sean bautizados en ella".

La cruz como "árbol de la vida"

Con su sensibilidad para la imaginería, los padres siriacos percibieron una íntima conexión entre la cruz del Calvario y el árbol del jardín del Edén y, finalmente, con el "árbol de la vida". De hecho, de acuerdo con la leyenda, el madero de la cruz descendió de las semillas del árbol de la vida.[17] Efrén, en su *Himno sobre la virginidad* declara: "¡Él vino a nosotros por amor!, ¡Él, árbol bendito! El madero [de la cruz] ha abolido al madero, el fruto ha sido abolido por el fruto, y el verdugo ha sido vencido por el Viviente."[18] Efrén destaca esta conexión de un modo más tajante en el *Himno de Nísibis*, núm. 58:

> El seno y las alas de la cruz fueron abiertos por su misericordia: sus piñones se inclinaron y condujeron a las naciones al

---

[16] Citado por Brock, "Baptismal Themes", pp. 329-333.

[17] Murray, *Symbols,* pp. 323-324.

[18] Yousif, "Croix de Jesus", pp. 41-42.

Edén. Es semejante al Árbol de la Vida y la descendencia de sus retoños: guía a su amado a fin de que muchos puedan alimentarse de los frutos de sus ramas.[19]

En el *Himno armenio*, núm. 49, Efrén contrasta la referencia del Antiguo Testamento sobre el agua que brota de una roca para que los judíos bebieran, comparándola con la cruz como fuente de vida y de alimento para los gentiles, quienes ahora son la "iglesia de las naciones". Explica que así como el agua de la roca fortaleció al pueblo judío, así también la cruz es fuente de vida para los gentiles. Si bien antes el árbol de la vida había sido protegido con la espada, ahora el "Señor del Árbol" se ha entregado como alimento para los gentiles. Así como Adán obtuvo alimentos de los árboles del paraíso, así también el "Sembrador del Edén" se ha convertido en alimento para nosotros. Si bien por Adán abandonamos el paraíso, ahora gracias a Cristo, quien anuló la lanza, podemos regresar.[20]

Robert Murray opina que el uso del aceite o del crisma en la iniciación cristiana y en otros ritos de unción, podría estar relacionado con la idea de que el aceite consagrado proviene del árbol de la vida, y en ocasiones se emplea como símbolo de Cristo.[21]

***

En la *sedro* de laudes de la Exaltación de la Cruz, la liturgia maronita habla sobre la cruz como el árbol de la vida, al elevar esta plegaria: "El árbol de la vida en el paraíso simbolizó tu cruz; Moisés la representó al extender sus brazos para salvar al pueblo... El madero de la cruz es imagen de la madera del arca de Noé, nave de salvación".

---

[19] Efrén, *Nisibene Hymns,* en Schaff y Wace, *Select Library of Nicene and Post-Nicene Fathers,* núm. 13, p. 212.

[20] Brock, "Mysteries", p. 471.

[21] Murray, *Symbols,* pp. 323-324.

Independientemente de que la cruz se entienda como símbolo de la obra redentora, como si poseyera las cualidades místicas del árbol de la vida, o bien, siguiendo la tradición, como si el acto de ser "marcado" implicara protección, en la liturgia maronita encontramos una serie de referencias en las que la cruz es vista como defensa contra el mal. En la segunda acción de gracias de la *Anáfora de san Pedro*, el celebrante suplica: "Protégelos con tu cruz, que sea su protección y refugio". En la misma *sedro* del fragmento antes citado, la oración continúa: "Sé para nosotros de día y de noche el guardián atento que impide que sucumbamos al mal". El oficio continúa con el "canto antes de la lectura de las Escrituras", rogando: "Que tu cruz sea un baluarte protector para la Iglesia, tu esposa, y que el mal no domine a sus hijos".

La oración final de la *Anáfora de san Pedro* ruega: "Señor, bendice a todos los fieles que se humillan ante ti, e imprime en ellos la señal victoriosa de tu cruz, para que les proteja de todo mal, conocido y desconocido".

Sin embargo, al hablar sobre la muerte de Cristo en la cruz, Efrén y los escritores siriacos se muestran siempre conscientes de su divinidad perenne. Efrén, en su *Himno sobre el pan ácimo*, expresa esta paradoja: "¡Es por el poder que proviene de Él [Jesús] que el madero le sostuvo; y el madero no ardió a pesar de haber cargado con fuego!".[22]

Los escritos de Efrén incluyen un buen resumen sobre la importancia de la cruz en la teología de la redención pues, como ya se ha indicado, su obra describe la partida y el regreso definitivo de Cristo. Efrén explica:

> El Misericordioso ha bajado la mirada, ha contemplado las almas en el abismo, y ha abierto un camino para que se liberen. Aunque bastaría una [simple] señal por su parte, ha marcado su obra con amor al revestirse de humanidad; [después] se apropió de la ignorancia [humana] para guiar a los seres hu-

---

[22] Yousif, "Croix de Jesus", p. 37.

manos a conocerle. Ha dirigido con su arpa cantos humildes a los seres humanos, a fin de que puedan elevarse a las alturas; ha levantado su cruz hacia lo alto, para que los hijos [de Eva] puedan ascender hasta los [seres] celestiales.[23]

El descenso al *sheol* y la resurrección

El descenso al *sheol* culmina la obra de redención. El reino de la muerte debía ser vencido, y los seres humanos difuntos, especialmente Adán, necesitaban ser liberados y restaurados. Jacobo de Sarug, influido por la Carta a los Filipenses (2, 16), suele hablar del Hijo de Dios afirmando que su apariencia es la de un siervo, y que por su humildad y sufrimientos no es reconocido por los demonios. La verdadera identidad de Cristo queda revelada en la crucifixión. Al descender al *sheol*, Cristo triunfa sobre el imperio de la muerte, y regresa gloriosamente al Padre acompañado de los prisioneros liberados.[24]

Jacobo de Sarug retrata a Cristo en busca del extraviado Adán, incluso en el momento de su bautismo. Presenta a Cristo diciendo a Juan el Bautista: "Estoy buscando al extraviado Adán; permíteme bajar a buscar a Adán". Es más, en numerosas ocasiones se considera como una misma cosa el bautismo de Cristo y su descenso al *sheol*.[25]

El descenso al *sheol* es la principal imagen empleada por los padres siriacos para describir la lucha cósmica entre Cristo, quien a fin de cuentas es el Creador de la vida, y el poder de la muerte y el pecado. Jesús, a través del instrumento de la cruz, ha vencido al "dragón-serpiente". La humanidad por sí misma, en la que reinaba el pecado, era incapaz de vencer al dragón. Cristo, el rey victorioso e hijo de David, es quien a través de su cruz gloriosa ha silenciado al poderoso mal.[26]

---

[23] Citado por Yousif, "Symbolisme de la croix", 215n16; véase también 216n20.
[24] Jansma, "Encore le credo", p. 336.
[25] Brock, "Baptismal Themes", p. 328.
[26] Yousif, "Croix de Jesus", p. 44.

Para los padres siriacos, la acción del descenso de Cristo al *sheol* pasa a ser la garantía de la vida y de la resurrección de toda la humanidad. Efrén observa que sólo Cristo podía ir al lugar del que nadie podía salir, para luego surgir sin que ningún poder pudiera interponérsele.[27]

En el *Himno de Nísibis*, núm. 37, Efrén explica que, en realidad, sólo el Creador podía ser el redentor. Dice lo siguiente:

> Ninguna llave sino la suya pudo ajustarse a las puertas del *sheol*.
> Una es la llave del Creador, la que de hecho las abrió con su llegada.
> ¿Quién puede unir los huesos, sino el Poder que los ha creado?
> ¿Quién puede reunir los fragmentos del cuerpo, sino la mano del Hacedor?
> ¿Quién puede restaurar las formas, sino el dedo del Creador?
> Él, que ha creado, transformado y destruido, también es capaz de renovar y de resucitar.
> Otro Dios sería incapaz de entrar y restaurar a las creaturas que no le pertenecieran.[28]

A su vez, Efrén explica que la obra de Cristo fue un acto libre de su voluntad, y que con dicho acto derrotó a la muerte contra la propia voluntad de la muerte. También indica que fue necesario que Cristo tuviera un cuerpo para que tuviera lugar el enfrentamiento con la muerte. En su *Homilía sobre Nuestro Señor* afirma:

> Voluntariamente sufrió y sometió a la muerte, venciéndola contra la propia voluntad [de la muerte]. Nuestro Señor cargó con su cruz y se dispuso como la muerte deseaba. Pero desde

---

[27] Javier Teixidor, "Le thème de la descente aux infers chez saint Ephrem", *L'Orient Syrien*, núm. 6, 1961, p. 26.

[28] San Efrén, *Nisibene Hymns*, en Schand y Wace, *Select Library of Nicene and Post-Nicene Fathers*, núm. 13, p. 199.

la cruz clamó y sacó a los muertos del *sheol*, en contra de la voluntad de la muerte.

Como la muerte no podía devorarle sin tener un cuerpo, ni el *sheol* podía engullirle por carecer carne, se acercó a una virgen para proveerse del medio para ir al *sheol*.[29]

Existen varias imágenes que describen la derrota de la muerte. Efrén declara que Jesús salió victorioso porque en verdad es "el Viviente". En el *Himno sobre la Natividad*, núm. 4, afirma: "A través de la muerte, el Viviente vació el *sheol*. Lo abrió de par en par para permitir que muchedumbres enteras huyeran de ahí".[30] Más concretamente, en el *Himno de Nísibis*, núm. 36, Efrén describe a Cristo como la "medicina de la vida". Retrata a la muerte diciendo: "La medicina de la vida ha entrado en el *sheol* y devolvió la vida a sus muertos. ¿Quién se ha introducido en mí y ha escondido el fuego viviente en el que se funden los vientres fríos y oscuros del *sheol*?".[31]

A partir de esta idea de Jesús como la medicina de la vida se desarrolló una teoría, según la cual la muerte, que devora a los seres humanos, no logró engullir a Cristo, sino que "vomitó" a Cristo y con Él al resto de los seres humanos. En la *Homilía sobre el Señor*, Efrén explica que María concibió una nueva vida de la antigua vid de Eva, y cuando la muerte vino y consumió "frutos mortales", engulló la "vida, que es mortal para la muerte". Tras tragarse la medicina de la vida, la muerte enfermó y vomitó a todos los vivientes que previamente había engullido.[32] Jacobo de Sarug adopta la misma imaginería, pero afirma que Cristo actuó como una especie de veneno dentro de la muerte, pues la muerte se atragantó con él y murió.[33]

---

[29] Mathews y Amar (eds.), *St. Ephrem the Syrian*, pp. 277-278.

[30] San Efrén, *Ephrem the Syrian: Hymns*, p. 92.

[31] Brock, *Harp*, p. 44.

[32] Mathews y Amar (eds.), *St.Ephrem the Syrian*, pp. 278-279.

[33] Chesnut, *Three Monophysite Christologies*, p. 117.

En el *Himno sobre la Epifanía*, núm. 2, Efrén presenta a Cristo en un rol activo: "Demos gracias al Hijo, pues fue Él quien con sus propios pies entró en el *sheol*, lo arruinó y salió de él; bendita sea su Resurrección". Todavía más específicas son las referencias a Cristo como la luz que destruye la oscuridad del *sheol*. En el *Himno de Nísibis*, núm. 41, Efrén declara: "La muerte abrió las puertas del *sheol*, y en su interior brilló el esplendor del rostro de nuestro Señor".[34]

Efrén incluso recurre a imágenes de Cristo como el trigo que es sembrado en el propio *sheol*. Describe a Cristo como la semilla de trigo que cae en el *sheol*, pero que brota como "una gavilla completa, como el nuevo Pan".[35]

***

La liturgia maronita hace múltiples referencias a la victoria sobre el *sheol*. El *qolo* de la liturgia del lunes después de Resurrección reza: "Él, que da la vida, ha vuelto a la vida. Todavía incorrupto, regresó del *sheol*; liberó a quienes ahí estaban cautivos, y lo destruyó por siempre... Durmió en la muerte y dio esperanza a los muertos. Destruyó a la muerte y todo su poder, para luego despertar y levantarse en gloria". En las vísperas de la Fiesta de la Resurrección, el *qolo* reza: "A la gloria del Padre, gobernante de todas las creaturas, que ha enviado a su único Hijo para renovar su imagen corrompida. Según su voluntad ha abierto el sepulcro, ha abrumado a la muerte y ha destruido el *sheol*. Reina sobre la tierra y sobre los cielos". Un *qolo* del domingo de Resurrección declara: "Resucitó y destruyó la muerte, demoliendo el mundo del abismo, y estableció su reino tanto en los cielos como en la tierra". Otro *qolo* del "rito de la paz" del mismo domingo entona:

---

[34] San Efrén, *Nisibene Hymns*, en Schaff y Wace, *Select Library of Nicene and Post-Nicene Fathers*, núm. 13, p. 205.

[35] Brock, *Harp*, pp. 27-29.

"El Poderoso asaltó el *sheol* y conquistó la muerte. Entró en el *sheol* y lo destruyó". La "oración penitencial" de los días de la semana durante el tiempo de la Resurrección declara: "Oh Poderoso, visitaste la morada de los muertos y liberaste a quienes ahí estaban cautivos".

El *soogitho* del oficio añade: "El infierno [*sheol*] repleto de muertos se ha convertido en un desierto, mientras el jardín del Edén se ha llenado con una muchedumbre. Nuestro Salvador ha resucitado y con Él han resucitado todos los santos que estaban dormidos... Le damos gracias por su misericordia, pues a través de su resurrección ha liberado a Adán de su esclavitud". Finalmente, el *bo'uto dmar Ya'qub* del mismo oficio recurre a una imaginería legendaria cuando dice: "El Poderoso de los siglos rugió en el *sheol* y sus cimientos se cimbraron. La muerte se lamentó y perdió su corona, convirtiéndose en una burla".[36] En la oración de la mañana, el "Himno de la Luz" proclama: "La muerte ha sido destruida, la muerte se ha desvanecido, y fueron demolidas las puertas del *sheol*. Las creaturas que habían permanecido en la oscuridad desde tiempos remotos ahora están revestidas de luz. Los muertos se levantan del polvo y cantan, porque ahora tienen un salvador". Por último, el *sedro* del oficio maronita de la Pascua también declara, refiriéndose a Cristo:

> Realizaste maravillas durante tu estancia entre los muertos; has liberado a los prisioneros a través de tu resurrección; has disipado la oscuridad de las creaturas sobre las que reinaba la perdición; con tu voz de vida has despertado a las almas de los seres humanos justos y rectos, que se habían quedado dormidos en el sueño de la muerte. Al reducir a nada el poder de tu enemigo despiadado, has logrado que la calma y la paz reinen en el infierno [*sheol*], y has vuelto a reunir al pueblo para que te adoren y anuncien tu salvación al mundo entero.

---

[36] Khalifé-Hachem, "Office maronite du grand dimanche de la résurrection: Texte du Ramso et commentaire", *Parole de l'Orient,* núms. 6-7, 1975-1976, pp. 290-297.

La segunda oración de laudes del sábado de Lázaro declara: "Oh Cristo, Tú eres la luz que disipa la oscuridad del infierno; Tú iluminas el recinto de los muertos". El himno de entrada de la fiesta maronita de la Resurrección entona: "Cuando Isaías vio a su Señor, clamó preguntando: 'Oh Hijo de Dios, ¿quién ha teñido tus ropas rojas como la sangre?' A lo que Jesús replicó: 'He aplastado a la propia muerte para salvar a mis amados, y la sangre de la muerte conquistada ha manchado mis vestidos'".

El descenso al *sheol* tiene como propósito definitivo la liberación de Adán. Según la mentalidad de los escritores siriacos, Adán era la imagen original de Dios y el representante de todos los seres humanos. Efrén abunda frecuentemente en torno a este tema en sus *Himnos de Nísibis*. En el *Himno de Nísibis*, núm. 65, habla sobre Cristo que desciende y se sumerge por Adán, para liberarle del *sheol* y restaurarlo al Edén.[37] La redención de Adán está unida a los "Misterios" que brotaron del costado de Cristo. En el *Himno de Nísibis*, núm. 39, Efrén explica: "Brotaron de Él agua y sangre; Adán quedó limpio, vivió y regresó al Paraíso".[38]

Con la liberación de Adán, todos los seres humanos fueron salvados. En el *Himno de Nísibis*, núm. 36, Efrén presenta la muerte que se dirige a Cristo como rey, pidiéndole que tome a Adán como "botín". Como todos los muertos estaban ocultos en Adán, con su entrada al *sheol* Cristo vivificó a todos los muertos. La muerte no sólo entrega a Adán, sino que, dado que Cristo reina sobre todos, la muerte sometida ahora tendrá que dejar que todos los muertos resuciten, y estos se encontrarán con Cristo al llamado de la trompeta.[39]

Roberta Chesnut señala que Jacobo de Sarug se percata de la necesidad de que Cristo vaya al *sheol* no sólo para liberar a Adán,

---

[37] Efrén, *Nisibene Hymns,* en Schaff y Wace, *Select Library of Nicene and Post-Nicene Fathers,* núm. 13, p. 216; véase también Ephrem, *Nisibene Hymns,* pp. 54 y 61, en *ibid.*, núm. 13, pp. 208, 213.

[38] *Ibid.*, p. 201.

[39] Citado por Teixidor, "Théme", p. 37.

sino para salvar al "Gran Adán" o "la Gran Imagen", es decir, la imagen del Padre. De acuerdo con Jacobo, "la imagen de Dios estaba muriendo en el *sheol*, y el Hijo descendió para buscarla y encontrar la imagen de su Padre que estaba muriendo". Consecuentemente, el título de Cristo como "el segundo Adán" encierra un gran significado para Jacobo.[40]

***

En la liturgia maronita, un verso del *qolo* del domingo del Nacimiento de Juan Bautista entona: "Despierta, oh fatigado Adán. ¿Cuestionaste acaso el plan de Dios? Vendrá encarnado para despertarte de tu sueño". El *mazmoro* [literalmente, un versículo de un salmo] del domingo después de la Epifanía declara: "Gloria a Ti, oh Dador Abundante, que te levantaste incorruptible de la tumba. Resucitaste el cuerpo de Adán y volviste a Aquel que te envió". En el *qolo*, las vísperas de la Resurrección entonan refiriéndose a Cristo: "A través de su resurrección dio gozo a Adán, que yacía en el *sheol*, liberándole a él y a todos sus hijos, conduciéndoles al paraíso rebosante de felicidad".[41]

Luz y verdad: otros efectos de la redención

La luz constituye un símbolo primordial de Dios. En la Biblia, pone de manifiesto los temas de la verdad y de la bondad. Para caracterizar al pecado, están la oscuridad, la ignorancia y la confusión. Por ende, uno de los efectos directos de la obra redentora de Cristo es la reaparición de la luz. En su *Homilía sobre la Natividad*, san Efrén primero declara con respecto a María: "De ella brilló el Resplandeciente, y disipó la oscuridad del paganismo". Y continúa: "Así, este día se asemeja al primer día de la creación".[42]

---

[40] Chesnut, *Three Monophysite Christologies*, p. 127 y ss.
[41] Khalifé-Hachem, "Office maronite", p. 289.
[42] Brock, *Harp*, p. 66.

Tryggve Kronholm observa que Efrén luchó contra las concepciones bardaisanitas y maniqueas de la oscuridad como entidad autónoma. En consecuencia, descubre un fuerte nexo entre la creación inicial de la luz, victoriosa sobre la oscuridad, y la victoria de Cristo sobre la oscuridad, propagada por Satanás a través del mundo.[43]

El tema de la luz también se relaciona con las nociones de la verdad y del conocimiento. Efrén declara que el conocimiento de Cristo aleja a la humanidad del error, pues la humanidad se había extraviado. Cristo, por su parte, hace que el Maligno se confunda y se pierda.[44] En el *Himno sobre la Natividad*, núm. 22, Efrén explica:

> El pecado abrió sus alas para cubrirlo todo, para que nadie pudiera ver la verdad desde arriba de él. La verdad descendió hasta el seno, surgió [y] desplazó al error.
> El pecado ha dispuesto sus redes para la captura. Bendito sea tu nacimiento que desgarró las redes del error. El alma, que quedó cautiva en sus profundidades, ahora vuela hacia las alturas.[45]

En su *Himno sobre la Resurrección*, núm. 1, Efrén contrasta la revelación de Cristo con la condición de la vida en el error: "Su conocimiento ahuyentó el error de la humanidad extraviada; gracias a Él el Maligno se extravió y quedó confundido. Su conocimiento derramó todo tipo de sabiduría sobre las naciones".[46]

***

---

[43] Kronholm, *Motifs,* p. 42.

[44] Brock, *Harp,* pp. 27-29

[45] San Efrén, *Ephrem the Syrian: Hymns,* pp. 182, 4.

[46] Brock, *Harp,* p. 27.

En la liturgia maronita, la oración inicial de la fiesta de Epifanía ruega: "Oh Cristo, nuestro Señor, en tu bautismo en el río Jordán te nos manifestaste y disipaste la oscuridad que nos había rodeado durante siglos... Que tu Espíritu Santo ahora sobrevuele sobre nosotros, que nos llene del esplendor de tu conocimiento, y que disipe la oscuridad de la ignorancia que nos eclipsa". El *qolo* del jueves de la semana de Pentecostés entona: "Cristo, nuestro Salvador, es la luz que vence a la oscuridad de la noche. Con la luz del Evangelio disipó la oscuridad causada por el pecado y por la muerte". Proclama el *qolo* del domingo del Ciego: "Cristo, luz de luz, descendió del cielo y caminó sobre la tierra. Trajo con él la luz al mundo y la liberó de la ignorancia". El oficio de laudes del Viernes Santo proclama: "Luz eterna e incomprensible que permaneciste voluntariamente oculta en la cruz para que la luz de tu reino iluminara a toda creatura desde el faro de la cruz; Señor, ilumínanos y llénanos de gozo ante tu luz gloriosa y ante la manifestación de tu sorprendente apariencia".[47] El himno de la luz del oficio reza:

> Jesucristo, nuestro Señor, es la luz del justo y el gozo de los corazones rectos; se ha manifestado en el seno del Padre. Ha venido a liberarnos de la oscuridad, y nos ha iluminado con su luz admirable... Su gloria resplandece sobre el mundo e ilumina las profundidades del abismo. Destruye la muerte y ahuyenta la oscuridad tras derribar las puertas del *sheol*. Las creaturas que ahí antes se encontraban en oscuridad, ahora se han revestido de luz; los muertos que yacían en la tierra vuelven a estar en pie, y cantan por tener un Salvador.

La memoria también se relaciona con el tema de la verdad y del conocimiento. Efrén, en su *Himno sobre la virginidad*, afirma: "¡La Memoria derrotó el olvido de la creación!" Cristo es la memoria de Dios, que recuerda el sufrimiento de sus hijos, pero también es la

---

[47] Khalifé-Hachem, "Office maronite", p. 284.

restauración del poder del hombre para recordar a Dios de un modo efectivo, y así establecer con Él una relación dadora de vida.[48]

Liberación del exilio y de la esclavitud

Otra importante imagen bíblica de la redención es la referente a la liberación del exilio y de la esclavitud. Efrén, en su *Himno sobre la Natividad*, núm. 26, describe a la libertad como si hubiera sido esclavizada, y sugiere que Cristo vino como esclavo para liberar a la libertad. Incluso sufrió los golpes en el rostro a manos de los siervos, para "romper el yugo que había sobre los libres".[49]

***

La oración después de la alabanza y acción de gracias de la *Anáfora de los doce apóstoles* nos dice que Cristo "nos liberó del exilio, y nos salvó a través de su plan divino". La oración del oficio nocturno maronita afirma: "Oh domingo, eres el día en el que la santa Iglesia, que estaba triste, se regocija; cuando el Hijo del Rey la ha liberado de su cautiverio y la ha marcado con su sangre".

En sus *Himnos sobre la virginidad*, Efrén concibe la redención de Cristo como si fuera aplicada directamente a los gentiles. Dice que "la Gracia se ha convertido en un hisopo y ha purificado a los gentiles con su misericordia". Cristo es la roca sobre la que el "edificio de los gentiles" se ha levantado. Él es la "uva" que produjo la medicina de la vida. Robert Murray explica que la referencia a la "roca" se refiere a la roca de la que se habla en la parábola hacia el final del Sermón de la Montaña.[50]

---

[48] Murray, "Hymn of St. Ephrem", pp. 41, 46.

[49] San Efrén, *Ephrem the Syrian: Hymns,* p. 208.

[50] Murray, "Hymn of St. Ephrem", pp. 41-42.

Una imagen frecuentemente empleada por los escritores siriacos es la imagen bíblica de Cristo como Pastor redentor. Efrén describe a Cristo que presuroso busca a Adán, la oveja perdida. Le encuentra y carga con él de regreso.[51] En el *Himno de Nísibis*, núm. 52, Efrén describe a Cristo como el Hijo del Pastor de todos, "que salva a su rebaño de los lobos ocultos, el Maligno y la Muerte, que lo habían devorado".[52]

***

En la liturgia siriaca, la *Anáfora de Pedro III* suplica al Buen Pastor, "que ha entregado su vida por su rebaño y que la ha liberado de los lobos destructores; Señor Misericordioso, que desde la cruz clamaste y nos reuniste para que no nos extraviáramos". Los laudes del miércoles de Pascua desarrollan todavía más este tema. El *sedro* reza:

> Oh Cristo, has entrado en el redil a través de la puerta, es decir, a través de tu encarnación, y así has entrado en tu resurrección a través de la puerta que fue tu cruz, y has entrado en la vida a través de la puerta que fue tu muerte, pues Tú eres la puerta, la Resurrección y la Vida. Quienes entran gracias a ti son salvos; entrarán y resucitarán con la liberación de los hijos, y encontrarán en ti pastos abundantes.

Al meditar sobre las Escrituras, los escritores siriacos ven a Cristo no sólo como el pastor, sino también como el Cordero pascual. Para Efrén, Cristo el Cordero genera un doble éxodo: un éxodo de los gentiles fuera del error, y un éxodo de los muertos fuera del *sheol*. En el *Himno del pan ácimo*, núm. 3, explica que con el "verdadero cordero" tuvo lugar un éxodo del error. Con el "cordero viviente" hubo otro éxodo de los muertos que salieron del *sheol*, como ocurrió

---

[51] Brock, *Harp,* p. 27.
[52] *Ibid.,* p. 72.

110

en Egipto. En el caso del Cordero pascual original, Egipto se vio forzado a rendirse en contra de lo que acostumbraba, y del mismo modo, gracias al Cordero viviente, el *sheol*, contra su propia naturaleza, tuvo que devolver a los muertos. Con su "grito", el verdadero cordero ha trazado un camino desde la tumba para quienes yacen enterrados.[53]

San Efrén resume la obra de la redención en múltiples ocasiones. Observa que la fiesta anual de la resurrección debería ser una oportunidad para regocijarnos y para realizar buenas obras. En su *Himno sobre la Resurrección*, núm. 2, Efrén declara:

> Que el pastor principal [el obispo] entreteja sus homilías como flores, que los sacerdotes trencen guirnaldas con su ministerio, que los diáconos lo hagan con sus lecturas, que los jóvenes fuertes lo hagan con sus gritos jubilosos, que los niños lo hagan con sus salmos, que las mujeres castas lo hagan con sus cantos, que los principales ciudadanos lo hagan con sus donaciones, que las personas ordinarias lo hagan con su modo de vida. ¡Bendito sea Él, que nos ha dado tantas oportunidades para hacer el bien![54]

---

[53] Brock, "The Poetic Artistry of St. Ephrem: An Analysis of H. Azym. III", *Parole de l'Orient*, núms. 6-7, 1975-1976, pp. 23-24.

[54] San Efrén, *Ephrem the Syrian: Select Poems*, p. 177.

VI
La divinización
y el Espíritu Santo

El proceso de divinización se arraiga en la naturaleza de la creación, se manifiesta en la revelación, y alcanza su plenitud en la encarnación y en la redención. La divinización de los seres humanos es el resultado de la obra redentora, y el principio activo de la divinización es el Espíritu Santo. De acuerdo con la mente siriaca, todas las acciones de poder y de santificación son obra del Espíritu Santo. Esto es patente en la *epíklesis* (la invocación del Espíritu Santo), que constituye un elemento esencial de la liturgia divina y de los misterios. Aunque los escritores siriacos reflexionan en torno a las referencias del Nuevo Testamento sobre la morada de las tres Personas de la Santísima Trinidad, el Espíritu Santo ocupa el foco de atención en lo que concierne a la obra de divinización.

Efrén enseña que el propósito de la encarnación es la divinización de los seres humanos. En el *Himno sobre la virginidad*, núm. 46, afirma:

> La libertad persuadió a Adán para que despreciara su honor, cuando deseó convertirse en dios siendo él una creatura. La gracia purifica el pecado. Dios vino, se hizo hombre para salvar

a la humanidad de la perdición. Exaltado sea el Hijo que purificó el pecado del siervo, haciéndole divino, como Él deseaba.[1]

Efrén recurre a una imaginería vívida para expresar cómo Cristo, a través de su encarnación y de su Espíritu, hizo posible la divinización. En el *Himno sobre la fe*, núm. 10, exclama: "Cuando el Señor descendió a la tierra, con los mortales, les creó como una nueva creación, semejante a la de los Guardianes [los ángeles]. Mezcló en ellos el fuego y el espíritu, para que por dentro fueran fuego y espíritu".[2] En este pasaje anterior, para la palabra "mezclar" Efrén utiliza el término *mzag*, con el cual describe tanto la unión de las naturalezas en Cristo como nuestra unión con Él por medio de la gracia y los sacramentos.[3]

En su *Himno sobre la fe*, núm. 18, Efrén usa la imagen del viento y de una vela con diferentes significados. El viento hace referencia al Espíritu y a la divinidad, mientras que la vela hace referencia al cuerpo de Cristo en el seno de María, así como al mantel del altar, como un símbolo de la Eucaristía. La esencia del verso busca describir la santificación de los seres humanos. Efrén afirma: "¡Oh vela, seno puro, símbolo del Cuerpo de nuestro Redentor! Aunque estás rebosante por el viento, no por ello estás limitada; a través del viento que habita en la vela, los cuerpos viven ahí donde mora el alma".[4]

Tras la obra de Cristo, los medios de santificación son los sacramentos o misterios. Como ya se indicó, los padres siriacos subrayan la presencia del Espíritu en los misterios como una fuerza divinizante. En el *Himno sobre la fe*, núm. 10, Efrén describe el papel del Espíritu cuando declara: "Fuego y Espíritu están en el seno de la

---

[1] Saber, *Théologie baptismale,* p. 121.

[2] Murray, "Hymn of St. Ephrem", p. 143.

[3] *Ibid.,* p. 147.

[4] Yousif, "St. Ephrem on Symbols in Nature: Faith, the Trinity and the Cross (*Hymn on the Faith,* núm. 18)", *Eastern Churches Review,* núm. 10, 1978, pp. 54, 58-59.

que te llevó, Fuego y Espíritu están en el río en el que fuiste bautizado, Fuego y Espíritu están en nuestro bautismo, así como en el Pan y en el Cáliz están el Fuego y el Espíritu Santo".[5]

En el mismo himno, Efrén profundiza en la imagen del fuego para expresar la santificación de los seres humanos. Indica que el fuego podría representar la ira de Dios, que descendió y consumió a los pecadores. Por otro lado, el fuego de la misericordia desciende y habita en el pan. Recibimos vida al momento de consumir el fuego en el pan.[6] En otro himno, Efrén profundiza más, al afirmar que "el poder del Espíritu hace su morada en el pan y entra en nosotros para reposar en nosotros".[7]

***

En la liturgia maronita, la oración después de la *epíklesis* de la *Anáfora de san Cirilo de Jerusalén* reza: "Que el Espíritu Santo nos purifique y nos santifique. Que seamos partícipes de su divinidad y que junto a Él seamos partícipes del reino".

Los padres siriacos hablan en términos íntimos sobre la presencia del Espíritu Santo en el alma. Afraates, en su *Demostración*, núm. 6, advierte que cuando el Espíritu Santo se aleja de un espíritu, Satanás se acerca e intenta hacerle pecar para que el Espíritu Santo se marche definitivamente. Advierte, a su vez, que cuando un asceta no se mantiene fervoroso en el Espíritu, y si su corazón se inclina hacia pensamientos mundanos, sabrá que el Espíritu no está con él. Por ende, el asceta ha de orar y mantenerse vigilante, para que el Espíritu de Dios pueda venir a él. Afraates también añade:

---

[5] Brock, *Harp,* p. 16.

[6] Murray, "Hymn of St. Ephrem", pp. 143-144.

[7] François Graffin, "L'eucharistie chez Saint Ephrem", *Parole de l'Orient,* núm. 4, 1973, pp. 100-105.

> Quienes reciben el Espíritu de Cristo se tornan semejantes al Adán celestial, quien es nuestro Salvador, nuestro Señor Jesucristo. Pues lo animal ha de ser engullido por lo espiritual, como les escribí anteriormente. Y el hombre que aflige al Espíritu de Cristo será animal en la resurrección; pues el espíritu celestial no estará con él, para que el animal pueda ser engullido en él.[8]

Cuando Efrén habla de las tres personas de la Trinidad, relaciona la actividad de cada una de ellas con una visión tripartita de los seres humanos, según la cual son espíritu, alma y cuerpo. En su *Himno sobre la fe*, núm. 8, explica:

> Los tres nombres son sembrados de tres maneras, en el espíritu, en el alma y en el cuerpo, misteriosamente. Cuando esta Trinidad dentro de nosotros es perfeccionada por los Tres, ¡ésta domina incluso la espada! Si el espíritu sufre, está enteramente sellado por el Padre; si el alma sufre, está completamente mezclada con el Hijo; y si el cuerpo es quemado en el martirio, entonces su comunión con el Espíritu Santo es plena.[9]

Robert Murray y otros autores observan que los escritores siriacos tempranos entendieron al Espíritu Santo a partir de términos femeninos. Para Murray, las raíces bíblicas de esta idea se encuentran en el uso de la imaginería del ave, especialmente si se considera que la raíz verbal semítica *rhp*, utilizada para hablar del Espíritu, también significa un ave madre que revolotea. Por ejemplo, Génesis 1, 2 habla del espíritu de Dios que revoloteaba sobre la superficie de las aguas. El Espíritu Santo, paloma que revolotea sobre las aguas en el bautismo de Jesús, podría reflejar esta imagen del Antiguo Testamento. Afraates nos indica que deberíamos adorar a Dios como Padre y al Espíritu

---

[8] Afraates, *Select Demonstrations*, trad. Johnston, en Schaff y Wace, *Select Library of Nicene and Post-Nicene Fathers*, núm. 13, pp. 373-374.

[9] Yousif, "Symbolisme christologique", p. 53.

Santo como madre. Para Murray, esto sería simplemente atribuir al Espíritu Santo el carácter maternal de Dios al que apuntan algunas de las secciones finales de Isaías (49, 14-15; 66, 13). Si bien Efrén aparentemente declina la palabra espíritu en femenino, sólo en una ocasión se refiere a la feminidad como tal.[10]

---

[10] Murray, *Symbols,* pp. 313-319.

VII
La Iglesia

La Iglesia es el principal vehículo para configurar a los nuevos miembros de Cristo. Se trata de la fuente de los sacramentos, por medio de los cuales tiene lugar la santificación. En el pensamiento siriaco temprano, se esperaba la parusía de manera inminente, por lo que no le preocupaba la constitución estructural de la Iglesia. Con el surgimiento de serias amenazas de herejía en el siglo IV, cobraron importancia las cuestiones sobre la unidad y cohesión de la Iglesia. Un tema destacado en los escritos siriacos es que Dios había rechazado al pueblo elegido del Antiguo Testamento a favor de la "Iglesia de las naciones". Esta nueva Iglesia se comprometió con Cristo en el bautismo del Jordán, para contraer nupcias en la cruz. La sangre y el agua que brotaron del costado de Cristo representan los misterios de "iniciación" a través de los cuales los miembros de la Iglesia son incorporados y nutridos.

Una de las limitaciones en la eclesiología de Efrén es que probablemente no tuvo acceso de primera mano a todos los libros del Nuevo Testamento. Estaba familiarizado con el *Diatessaron*, con los Hechos de los Apóstoles, las Epístolas de san Pablo y la apócrifa

Tercera Carta a los Corintios.[1] La probabilidad de que no conociera la Primera Carta de Pedro pudo obstaculizar el desarrollo de una eclesiología plena. Asimismo, la iglesia siriaca recibió el Libro del Apocalipsis relativamente tarde. Robert Murray cree que incluso la referencia siriaca a la Jerusalén celestial es una alusión a la Carta a los Gálatas 4, 26.[2]

Para Efrén, la Iglesia es, primero, el lugar donde se congrega la comunidad cristiana, como serían, por ejemplo, la Iglesia en Nísibis o la Iglesia en Edesa. Asimismo, la Iglesia sería la gran comunidad cristiana instituida por Cristo en lugar de la sinagoga. Es el paraíso recobrado, el Cuerpo de Cristo y su santa e inmaculada esposa.[3]

Por otro lado, es posible que el acentuado espíritu ascético de la iglesia siriaca temprana y sus correspondientes expectativas escatológicas hayan minimizado en su pensamiento el papel de la Iglesia en el mundo. Para Afraates y para el *Liber Graduum* de san Efrén, el "reino" se reduce casi exclusivamente a una concepción escatológica todavía sin realizar.[4]

San Efrén desarrolla la imagen de la Iglesia como madre, rara en documentos más tempranos; Efrén, ve una segunda Eva en María y en la Iglesia. En el *Liber Graduum* Efrén desarrolla esta noción de la Iglesia como madre.[5]

El tema predominante de los padres del siglo IV es que el pueblo elegido ha sido reemplazado por un "nuevo pueblo", la "nación de las naciones", la Iglesia de los gentiles. Para Afraates, Abraham cobra importancia porque Dios prometió que a través de él extendería la salvación a todas las naciones. La fe de Abraham revela que en el futuro cualquier persona de cualquier nación podría salvarse. Dios

---

[1] Murray, "St. Ephrem the Syrian on Church Unity", *Eastern Churches Quarterly,* núm.15, 1963, p. 168.

[2] Murray, *Symbols,* pp. 20-21.

[3] Saber, *Théologie baptismale,* p. 51.

[4] Murray, *Symbols,* p. 346.

[5] *Ibid.,* p. 157.

eligió un pueblo como instrumento de su plan universal de salvación, si bien todos sus ritos eran tipologías que buscaban su plenitud en la Iglesia. En el *Himno sobre el pan ácimo*, núm. 5, Efrén afirma: "La tipología estaba en Egipto, la realidad en la Iglesia; el sello de la recompensa [estará] en el reino". Si bien para Afraates la Iglesia es la nueva circuncisión, la nueva Pascua, la nueva alianza, es especialmente un nuevo espíritu de libertad.[6]

***

Este tema queda reflejado en la liturgia maronita. La anamnesis de la *Anáfora de san Cirilo de Jerusalén* reza: "Que la luz de tu rostro brille sobre nosotros, la Iglesia que tú elegiste de entre las naciones". La "oración penitencial" del domingo de la Dedicación de la Iglesia declara: "Convoca a los distantes hacia ella, y reúne en ella a las naciones dispersas". La liturgia maronita, en su oración inicial del domingo de la Renovación de la Iglesia, reza: "Por tu amor a todos los pueblos te comprometiste con la Iglesia de todas las naciones, y por tu gracia estableciste el cimiento de Pedro y de los doce Apóstoles". Un *qolo* de laudes de los viernes indica: "Tu Iglesia, a la que elegiste por esposa desde el principio, te implora entre lágrimas a través de la voz de sus amigos". El verso *mazmooro* declara: "Señor, tu Iglesia, comprometida contigo desde el comienzo de los tiempos, te lo suplica". Un *qolo* del domingo de Resurrección entona: "¡Ven, oh Hija de las Naciones, ven! A través de los labios de tus hijos, canta una alabanza al Padre oculto que, en su amor, te desposó con su único Hijo". Un antiguo himno maronita para la fiesta de la Santificación de la Iglesia reza: "Bendita seas, oh Iglesia creyente, prometida del Esposo celestial. Los misterios, símbolos y figuras de todos los visionarios se han cumplido en ti".

---

[6] *Ibid.*, pp. 41-61.

El cuerpo de Cristo

San Efrén establece una base implícita para la Iglesia cuando enseña que el cuerpo de Cristo, que nos sanó y nos resucitó, nos ha sido entregado bajo forma sacramental para sanarnos e incorporarnos en la Iglesia y como garantía de la resurrección.[7] En su *Comentario al Diatessaron* Efrén explica:

> Si, como dijera Pablo, su testigo, la Iglesia es su cuerpo, entonces estén ciertos de que la Iglesia lo ha atravesado todo sin corrupción. Así como por la corrupción de un único Adán todos los cuerpos murieron y han de morir, del mismo modo gracias a la victoria del único cuerpo de Cristo, toda la Iglesia ha encontrado vida y vive. No obstante, así como los cuerpos que han pecado también han de morir, y la tierra, su madre, ha sido maldecida, de igual modo a causa de este cuerpo, que en sí mismo es la Iglesia, no está corrupto, pues desde un inicio su tierra fue bendecida. Dicha tierra es el cuerpo de María, el templo que recibió la semilla.[8]

Efrén usa la vid y la viña, imágenes evangélicas de Cristo, para ilustrar la idea de que la Iglesia es el cuerpo de Cristo. Esta idea se expresa en la imagen de Cristo como la vid y los cristianos como sarmientos unidos a Él; en otra imagen, Cristo es vid y los cristianos son racimos de uva. Además de vid, se representa a Cristo mediante un olivo, pues Él es el "árbol de la vida", fuente de la gracia sacramental de la Iglesia.[9]

No obstante, Robert Murray concluye que la literatura siriaca del siglo IV no desarrolló mucho las ideas de personalidad colectiva del cuerpo místico. Ni Afraates ni Efrén parecen tampoco partir

---

[7] *Ibid.*, pp. 69-72.
[8] *Ibid.*, pp. 83-84.
[9] *Ibid.*, pp. 113, 129-130.

de san Pablo. Más bien, parecen concentrarse principalmente en el cuerpo personal de Cristo.[10]

Jacobo de Sarug emplea el término siriaco "mezclar" para describir la unión entre Cristo y la Iglesia. Recurre a la misma idea para describir la relación entre Cristo y el pan y el vino de la Eucaristía. Declara que Cristo, el esposo rico, y la Iglesia, la esposa pobre, se convierten en uno. Jacobo afirma que Cristo vino a "tomar a la Iglesia y mezclarla con su cuerpo y hacerla a partir de Él, y que ambos se convierten en uno [...], el novio de la virgen y la esposa del bautismo". Roberta Chesnut concluye que no es del todo claro si la Iglesia pasa a pertenecer a Jesús como una extensión de su propio cuerpo, o bien, si son "uno" al modo en que el esposo y la esposa son uno.[11]

Prometida en el Jordán y del costado de Cristo

La mentalidad siriaca concibe a la Iglesia en términos sacramentales. La Iglesia no sólo es la fuente de los misterios, sino que por sí misma es sacramento de la unión de Cristo con su pueblo. Como ya se mencionó, los orígenes de la Iglesia pueden rastrearse hasta el bautismo de Cristo y su muerte en la cruz. El bautismo de Cristo en el Jordán constituye un evento clave prefigurado en el Antiguo Testamento, en acontecimientos ocurridos cerca de un pozo. En su *Himno sobre la Epifanía*, núm. 7, Efrén explica: "Rebeca recibió en el pozo las joyas que adornaron sus orejas y sus manos. La Esposa de Cristo se atavió con los tesoros en medio de las aguas: adornó sus manos con el Cuerpo viviente, y adornó sus orejas con las promesas".[12] En su *Comentario al Diatessaron*, Efrén cita una serie de compromisos establecidos junto a un pozo: el que Eleazar, criado de Abraham, concierta con Rebeca a favor de Isaac; el de Jacob y Raquel; el de

---

[10] *Ibid.*, pp. 93-94.

[11] Chesnut, *Three Monophysite Christologies,* p. 134.

[12] Véase Cassingena, *Hymnes,* p. 64.

Moisés y Séfora: "Todas éstas fueron tipologías de nuestro Señor, que desposó a su Iglesia en su bautismo en el Jordán".[13]

En su *Himno sobre la Epifanía*, núm. 14, Efrén medita en torno a las reflexiones de Jesús al momento de su bautismo en el Jordán:

> Mi mente me transportó al Jordán, y contemplé algo maravilloso cuando fue revelado que aquel glorioso Novio había liberado a la Novia de la esclavitud del pecado y que la había santificado.
> La Novia con la que me comprometiste me aguarda, para que baje a bautizarla y santificarla.
> Las aguas de mi bautismo están santificadas, y recibirán de mí el fuego y el Espíritu Santo.[14]

***

La liturgia maronita celebra los esponsales entre la Iglesia y Cristo en el río Jordán. En el himno de entrada de los días de la semana de la Epifanía, se entona: "[Juan el Bautista] dijo a la muchedumbre: 'Tras de mí vendrá el Novio a desposar a la Iglesia, su Novia, en las aguas bendecidas, cuando venga a ser bautizado'". En el rito maronita del bautismo, el diácono reza: "La Iglesia descendió a los bautizados y se adornó con el bautismo. Recibió al novio, que la desposó como una promesa". Un *qolo* entonado durante la procesión de los recién bautizados declara: "Quedé muy maravillado ante Juan y Eleazar. Ambos siervos consiguieron sendas novias para sus amos. Eleazar, criado de Abrahán, concertó los esponsales de Rebeca junto al pozo de Harán, y Juan concertó los esponsales de la Iglesia junto al río Jordán". Un antiguo himno para la Epifanía observa: "Las nubes se

---

[13] Murray, *Symbols,* p. 135.
[14] Lamy, *Sancti Ephraem,* pp. 113-128.

reunieron de todos lados para cubrir el agua como una cámara para el Esposo glorioso, que llegó ahí para ser bautizado".[15]

La Iglesia, manchada por el pecado, necesitaba purificarse, lo cual sucedió en el bautismo que, por su parte, debe su fuerza redentora a la muerte de Cristo en la cruz. La Iglesia celebró esponsales con Cristo en el Jordán. Tras su purificación, posible gracias al Esposo celestial, la Iglesia quedó libre de mancha, hermosa, ricamente engalanada con un fulgor inconcebible.[16] El bautismo en el Jordán alcanza su clímax con la muerte salvífica de Cristo en la cruz. Del costado de Cristo brotan sangre y agua que llevan a cabo el nacimiento de la Iglesia y sus esponsales con el Novio celestial. Jacobo de Sarug describe a Cristo ofreciendo su sufrimiento como dote a la Iglesia, su esposa; Cristo es un pastor que dirige a su rebaño con su vara, la cruz:

> En efecto, el Hijo de Dios entregó sus sufrimientos por amor para tomar en matrimonio, a través del precio de sus dolores, a la Iglesia abandonada. Sufrió en la cruz por esta adoradora de ídolos, a fin de que, tras sus sufrimientos, ella fuera completamente santa para Él. Aceptó guiar a los pastos al rebaño de todos los hombres, con la gran vara de su crucifixión y sufrimiento. Ha aceptado guiar a todos, naciones, mundos, clases, muchedumbres y pueblos, con tal de recuperar a la Iglesia.[17]

***

---

[15] Tabet, "Le Beth-Gazo Maronite (1263 a.d.), l'Add. 14.710", *Parole de l'Orient,* núm. 26, 2001, 267-302, en 291-292, 294-295.

[16] William de Vries, "La conception de l'église chez les Syriens séparés de Rome (Les Syriens du patriarcat d'Antioche)", *L'Orient Syrien,* núm. 2, 1957, pp. 113-114.

[17] Graffin, "Recherches sur le thème de l'église-épouse: Dans les liturgies et litterature patristique de langue syriaque", *L'Orient Syrien,* núm. 3, 1958, p. 331; véase también Bou Mansour, *Théologie,* núm. 1, pp.152-157.

En diversos lugares, la liturgia maronita refleja el tema del matrimonio entre la Iglesia y Cristo en la cruz. La *etro* (oración del incienso) en vísperas del jueves de la semana de Pascua afirma sobre la Iglesia: "Tu Iglesia, oh Cristo, que brotó en la cruz de la herida de tu costado, como Eva brotara del costado de Adán en el paraíso". Un *qolo* del rito matrimonial canta así: "Con la sangre que brotó de su costado, escribió el contrato matrimonial con ella". El aspecto eucarístico puede apreciarse en la "oración penitencial" de vísperas del primer domingo de Cuaresma: "Alabanza, gloria y honor al esposo de la Iglesia, que la ha unido con Él a través de su sangre, entregándole su santo cuerpo". Estos temas resuenan en la "oración penitencial" del domingo de la Consagración de la Iglesia: "Con la muerte del novio ella fue tomada por esposa. De este modo fue coronada con espinas, y por medio de la pasión fue redimida. Ataviada de finos ropajes, se levantó en la gloria divina como un palacio bien construido, como una ciudad firmemente establecida, como una torre fortificada, como una montaña santa".

Las liturgias siriacas, tanto orientales como occidentales, comparan la unión de Cristo y la Iglesia con el matrimonio entre varón y mujer. Este rito maronita del matrimonio refleja una teología eclesiástica desarrollada. La "oración penitencial" declara: "Que seamos dignos de dar gloria a la esposa celestial... Él, por su amor, ha adquirido la 'Iglesia de las Naciones' y, por su cruz, la ha lavado y purificado, tomándola como su gloriosa esposa. A su boda ha invitado a profetas, apóstoles y santos mártires". El himno *qolo* añade: "Aleluya, en este mundo nunca ha habido ni habrá una Esposa como la que adquirió Cristo, el Novio. Su belleza supera toda belleza, y el Esposo que la ha desposado es inmortal. Con la sangre que brotó de su costado, ha escrito su dote".[18]

---

[18] Jeanne-Ghislaine Van Overstraeten, "Les liturgies nuptiales des églises de langue syriaque et le mystère de l'église-épouse", *Parole de l'Orient,* núm. 8, 1977-1978, pp. 296-299.

Otras iglesias de la tradición siriaca también desarrollaron el tema del matrimonio entre la Iglesia y Cristo. Al escribir sobre la tradición de la iglesia oriental en cuestiones de eclesiología, William de Vries resume sus hallazgos como si esta iglesia enseñara que el Padre celestial escogió a la Iglesia entre las naciones, para darle esposa a su Hijo. Cristo adquiere a su prometida pagando el precio de su cuerpo sacrificado y su sangre vertida. El momento del desposorio en ocasiones se sitúa en la crucifixión, en ocasiones en el bautismo en el Jordán. Para purificarse, la Iglesia tuvo que recibir las aguas del bautismo. La redención, principalmente a través de la muerte en la cruz, ha liberado a la Iglesia de las ataduras de Satanás. Entre los regalos que Cristo da a su prometida están su cuerpo, su sangre, y el renacimiento del bautismo.[19]

Robert Murray expande la relación entre la Iglesia y Cristo en la cruz al analizar la imaginería de la cruz como "árbol". Así, la Iglesia es una con Cristo como son uno el viñedo, la vid y las uvas místicas; la Iglesia recibe de Cristo, Olivo místico, el aceite de la iniciación, de la consagración y de la sanación.[20]

La Eucaristía y la Iglesia

Como se ha mencionado, el cuerpo de Cristo, con el cual sanó a la humanidad y resucitó, nos fue entregado por él de modo sacramental a fin de incorporarnos en la Iglesia a través de él.[21] Efrén, en su *Himno sobre el Paraíso*, núm. 6, proclama:

> En la Iglesia puso al Verbo, que es motivo de gozo por sus promesas y motivo de temor por sus amenazas. La asamblea de los santos es un símbolo del paraíso. Su fruto, que da a to-

---

[19] De Vries, "La conception de l'église chez les Syriens sépares de Rome (Les Syriens du catholicosat de Seleucie-Ctesiphon)", *L'Orient Syrien,* núm. 3, 1958, pp. 163-164.

[20] Murray, *Symbols*, p. 342.

[21] *Ibid.*, pp. 69-70.

dos vida, es recogido en ella todos los días. En ella, hermanos míos, se prensan las uvas de aquel que es la Medicina de la Vida.[22]

Sebastian Brock cree que la Iglesia debería entenderse a partir de dos aspectos: por un lado, ésta se manifiesta en los sacramentos como el bautismo y la Eucaristía; por el otro, representa la totalidad de sus miembros individuales. La Iglesia, como vehículo de los sacramentos, es el medio de santificación de la Iglesia entendida como la asamblea de sus miembros individuales.[23]

La Iglesia como roca

Uno de los temas siriacos favoritos es el hecho de que la Iglesia está fundada sobre la fe. Reflejando diversas imágenes bíblicas, la Iglesia es concebida como si estuviera construida sobre la roca de la fe, siendo la propia Iglesia un edificio. De acuerdo con Afraates, Cristo, el pastor principal, designó a Simón como pastor vicario. Cristo era la *kepha* (roca) prefigurada en la profecía y en la tipología, y constituyó a Simón como la *kepha* en su lugar. Dijo que sobre esa *kepha* establecería a su Iglesia, y que las "puertas del *sheol*" no prevalecerían sobre ella. La *kepha* es el cimiento de la Iglesia y, por lo tanto, se trata de un título funcional dado por Cristo a Simón.

En la *Demostración*, núm. 1, Afraates explica que "el edificio" es la estructura de la fe establecida sobre el cimiento de Cristo, la Roca firme. "Cuando todo el edificio haya sido levantado, quedando terminado y perfeccionado, se convertirá entonces en la casa y en el templo en el que Cristo habite." Afraates aplica la figura de la roca como cimiento tanto a Cristo como a Pedro. El edificio sobre la roca normalmente es la fe, pero también es Pedro y, en ocasiones, los

---

22 *Ibid.*, pp. 128-129.
23 Brock, "Mysteries", pp. 469-470.

apóstoles (Santiago y Juan como "pilares"). La Iglesia es "la Única Casa" y los cristianos son templos del Espíritu.[24]

El modo en que Efrén desarrolla este tema es similar al de Afraates. Cristo es roca o piedra, prefigurada en una serie de tipologías. Aunque el tema de Cristo la Roca que designa a Simón como roca, suele quedar implícito, rara vez se explicita, salvo en el caso de Afraates. De nuevo, en el nombre de Simón, *kepha*, se ve el nombre de una función que comparte con Cristo.[25]

***

La liturgia maronita ofrece una interpretación similar de los pasajes bíblicos. La oración después de la *epíklesis* de la *Anáfora de Santiago* pide "fuerza para tu santa Iglesia, a la que fundaste sobre la roca de la fe, para que el poder del mal no prevalezca sobre ella". El *mazmoro* del domingo de la Consagración de la Iglesia reza: "El Señor construyó su santa Iglesia sobre una roca de fe. Simón Pedro fue y colocó los cimientos. Por su parte, Pablo adornó el edificio".

La Iglesia de la verdad

Como se ha mencionado, los padres siriacos en los primeros siglos tenían una visión sacramental de la Iglesia, y se consagraban sobre sus estructuras locales. Conforme el tiempo pasó, la Iglesia como comunidad pasó a entenderse como el cuerpo de la verdad, mientras las herejías representaban una amenaza contra su unidad. Efrén, en su *Himno contra las herejías*, núm. 2, exclama:

---

[24] Murray, "The Rock and the House on the Rock", *Orientalia Christiana Periódica*, núm. 30, 1964, pp. 315-324.

[25] *Ibid.*, pp. 325-350. Jacobo de Sarug comparte una visión similar; véase Bou Mansour, *Théologie*, núm. 1, pp. 147-152.

> Este es el cuerpo de la verdad, cuyas palabras los necios y
> los que yerran han cercenado cual miembros si bien, dado
> que es espiritual, el cuerpo está completo y entero. Pero en
> la Iglesia de la verdad, [la verdad] es perfecta y lo perfecciona.
> Tu gozo es, oh Iglesia, este cuerpo de verdad ordenado en sus
> miembros, concordante en sus palabras, fiel a sus promesas,
> coronado en sus triunfos.

A su vez, en su *Himno sobre la fe*, núm. 52, pide "que todas las Iglesias conformen una sola Iglesia de la verdad".[26] De acuerdo con William de Vries, desde los primeros siglos hasta la invasión árabe, el concepto de "comunión" [*sawtofuto*] ocupa un lugar principal. La comunión es un vínculo sacramental-jurídico que une a los miembros de la verdadera Iglesia de Cristo, excluyendo a todos los demás. La autoridad eclesiástica juzga a quienes pertenecen a esta comunidad, cuyo signo concluyente es la celebración eucarística. Dado que los herejes son excluidos, el requisito preliminar para la comunión es la fe verdadera. La fe verdadera implica un acuerdo general entre obispos y fieles; cuando este acuerdo es dudoso, entonces se refiere a las enseñanzas de los padres de la Iglesia primitiva, de los apóstoles y de las Escrituras.[27]

Con respecto a la autoridad de la Iglesia, los padres siriacos hablan sobre Cristo que comparte sus funciones con los seres humanos. De acuerdo con Robert Murray, el ministerio apostólico comparte la función de Cristo como cabeza del Cuerpo, como esposo de la Esposa, como sacerdote y portador de las llaves, como pastor, mayordomo, labrador y médico. La obra de Cristo como testigo, sanador, guía y auxiliador continúa en la sociedad sacramental de la Iglesia, si bien lo hace sólo a través de los "pastores inferiores" y de los "mayordomos inferiores", quienes siempre deben recordar que han de rendir cuentas.[28]

---

[26] Citado por Murray, "St. Ephrem the Syrian", pp. 168, 175.

[27] De Vries, "Conception de l'église (Syriens du patriarchat d'Antioche)", pp. 116-124.

[28] Murray, *Symbols,* pp. 158, 204

VIII
María

Los escritores siriacos afirmaban que Cristo, durante su vida sobre la tierra, fue también continuamente la presencia divina, poseyendo el poder de la creación y de la aniquilación, así como el poder sanador de la redención. A su modo de ver, la madre que le concibió y cargó con Él debió estar íntimamente influida y divinizada por dicho poder. No obstante, María era en buena medida un ser humano con libre albedrío. Por medio de su virginidad y su libre asentimiento a la voluntad del Padre, María borra la vergüenza de su propia madre de antaño, Eva, y al hacerlo se convierte en el primer miembro de la Iglesia. Para los escritores siriacos resultaba natural ver en María el cumplimiento de las tipologías del Antiguo Testamento y como un símbolo de la Iglesia futura.

Jacobo de Sarug celebra la pureza de María como una morada adecuada para la presencia de Dios. En sus homilías métricas declara: "Dios la ve, percibe la pureza y la transparencia de su alma, y desea hacer su morada en aquello que ha sido purificado de todo pecado".[1]

---

[1] Brock, "Marie dans la tradition syriaque", *Lettre de Ligugé*, núm. 189, 1978, p. 6.

El Espíritu Santo y María

De acuerdo con san Efrén, el Espíritu Santo es el principio de la divinización. La *epíklesis* del Espíritu no sólo aconteció al momento del bautismo de Cristo en el río Jordán, sino que continúa en los misterios del bautismo y de la Eucaristía. No obstante, la misma acción del Espíritu tuvo lugar en el seno de María, como se apuntó en el capítulo sobre la divinización. En el *Himno sobre la fe*, núm. 10, declara: "Fuego y Espíritu están en el seno de la que te portó, Fuego y Espíritu están en el río en el que fuiste bautizado, Fuego y Espíritu están también en tu bautismo, así como en el Pan y en el Cáliz están el Fuego y el Espíritu".

Moisés Bar Kepha (m. 903), en su comentario sobre la liturgia, destaca este significado afirmando que, así como el Espíritu Santo descendió al seno de María y conformó un cuerpo para Dios Verbo a partir de la carne de la Virgen, el Espíritu desciende sobre el pan y el vino en el altar, transformándolos en el cuerpo y en la sangre de Dios Verbo que procede de la Virgen.[2] Sebastian Brock abunda en el significado de este paralelismo entre la anunciación y la Eucaristía. Para él, la *epíklesis* del Espíritu Santo establece una nueva relación entre el mundo creado y el Creador. El pan y el vino que representan tanto el "fruto de la tierra" como "la obra de manos humanas" se transforman en el cuerpo y en la sangre salvadores de Cristo. Esto quizá indica cómo el Espíritu Santo puede transformar el mundo material en sacramento.[3]

Brock también explica que de acuerdo con un antiguo mito, las perlas fueron creadas cuando los rayos golpearon a las ostras en el mar, es decir, como resultado de dos elementos dispares, el fuego y el agua. En sus *Himnos sobre la fe*, núms. 81-85, Efrén medita sobre el misterio del nacimiento de Cristo, la perla, como resultado de

---

[2] Brock, "Mary and the Eucharist", p. 51.

[3] *Ibid.*, p. 53.

la venida del fuego del Espíritu Santo sobre el "vientre acuoso" de María.[4]

En el primer *Himno sobre la perla*, Efrén declara: "Nuevamente discierno a María y a su concepción pura, y también a la Iglesia y al Hijo en su seno como la nube que cargó con Él: símbolo del cielo, ahí donde su luz resplandeciente irradia".[5]

Además de la presencia santificadora del Espíritu Santo, Efrén creía que la presencia del Verbo en el seno de María la santificaba. En el *Himno sobre la iglesia*, núm. 36, Efrén medita sobre los efectos de la presencia de Cristo, la Luz, en su madre María:

> Como si de un ojo se tratara, la Luz habitó en María, puliendo su mente, agudizando su pensamiento y purificando su entendimiento, haciendo que su virginidad resplandeciera. Así como el Lucero en el río, el Resplandeciente en el sepulcro refulgió desde la cima de la montaña, trayendo también resplandor al seno, deslumbró al salir del río, e iluminó al momento de su ascensión.
>
> El resplandor del que Moisés se revistió le cubría desde el exterior, mientras que el río en el que Cristo fue bautizado introdujo la Luz desde el interior, y así el cuerpo de María, en el que Él residía, resplandecía con Él.
>
> Así como Moisés relucía con la gloria divina tras haber contemplado brevemente su esplendor, ¿cuánto más resplandecerían el cuerpo en el que Cristo moró, y el río en el que fue bautizado?[6]

Como se explicó en el capítulo 3, para Efrén y los padres siriacos la creación prepara progresivamente la llegada de Cristo a través de los símbolos y las imágenes. Desde esta postura, María ocuparía un lugar culminante en la creación. He aquí una cita de su

---

[4] *Ibid.*, p. 56.

[5] Graffin, "Les hymnes sur la perle de Saint Ephrem", *L'Orient Syrien,* núm. 12, 1967, p. 133.

[6] Brock, "St. Ephrem on Christ", p. 138.

Himno sobre la virginidad, núm. 5: "La creación trazó los símbolos de Cristo; María conformó sus miembros; fueron muchos senos los que dieron lugar al Hijo unigénito, pues si bien el seno de su madre dio a luz a su humanidad, la creación simbólicamente le dio a luz".[7]

María y Eva

Al meditar sobre María, los padres siriacos se concentran en el evento central de la anunciación. Descubrimos una teología avanzada sobre María al contrastar el efecto del pecado derivado del fracaso de Eva y la redención alcanzada a través de la libre cooperación de María. Este tema puede apreciarse en las homilías métricas de Jacobo de Sarug, cuando declara: "Del silencio de Eva surgieron la derrota y la deshonra; de las palabras de María surgieron la Vida, la Luz y la victoria".[8]

En el *Comentario al Diatessaron*, Efrén usa múltiples imágenes para mostrar que el pecado cometido en el paraíso es vencido por la anunciación de María y gracias a su hijo en la cruz: "La muerte entró por el lado de Eva; por lo tanto, la vida entró por el lado de María. Por el madero del árbol el hombre se convirtió en deudor; por lo tanto, cuando vino el Señor, pagó la deuda con el madero de la Cruz".[9]

Asimismo, Efrén relaciona a María con el "manto de gloria", imagen de la santificación perdida por Adán y Eva. En su *Himno sobre la natividad*, núm. 17, explica: "Eva colocó hojas de vergüenza sobre su virginidad, tu Madre colocó sobre su virginidad un manto de gloria, suficiente para todos. 'Al sastre de todo entregué un pequeño manto, el cuerpo'".[10]

---

[7] Brock, *Harp,* p. 13.

[8] Brock, "Marie dans la tradition", p. 6.

[9] Murray, "Mary, the Second Eve in the Early Syriac Fathers", *Eastern Churches Review,* núm. 3, 1970-1971, p. 374.

[10] *Ibid.,* p. 376.

En sus homilías métricas Jacobo de Sarug profundiza en estos temas abordados por Efrén. Suma a lo anterior la noción de que María enmienda el daño hecho por Eva, su madre anciana. Explica:

> La segunda Eva ha dado a luz a la Vida entre los mortales; ha eliminado la deuda contraída por Eva, su madre. La joven hija [María] ha entregado su vida ayudando así a su madre anciana [Eva] sepultada en la tierra; la ha levantado tras su caída, causada por la Serpiente. Ésta era la hija [María] que tejió el manto de gloria y lo entregó a su padre [Adán], quien cubrió su cuerpo, que había permanecido desnudo desde el árbol de la tentación.[11]

***

Estos temas tocados por Jacobo se repiten en un himno maronita dedicado a María, el cual se encuentra en un manuscrito que data entre los siglos XII y XII:

> A través del anuncio de la serpiente, la virgen-descendencia surgida de Adán introdujo la muerte para todas las generaciones; y la purísima Virgen María, a través del anuncio del ángel, introdujo nueva vida en el mundo. La primera se despojó de su gloria en el Edén; María bordó una vestimenta de gloria y se la entregó para cubrir su desnudez [...] Ella es la nueva Eva, que ha dado vida entre los muertos. Y ha levantado nuevamente al primer Adán tras su caída en el paraíso.[12]

La tradición siriaca describe el estado del pecado en el mundo como oscuridad. La luz no sólo es la imagen de Dios, sino que también es el instrumento de la victoria sobre el pecado. Efrén, al contrastar

---

[11] Brock, "Marie dans la tradition", p. 11.

[12] Tabet, "Chants pour la mère de Dieu dans l'add. 14.703 (XII-XIII s.) Beth Gazo Maronite", *Parole de l'Orient*, núm. 29, 2004, p. 138.

a Eva con María, desarrolla a su vez una imaginería en torno a la oscuridad y la luz. En el *Himno sobre la Iglesia*, núm. 37, afirma:

> Como ven, el mundo tiene dos ojos fijos en Él; Eva es el ojo izquierdo y ciego, mientras que el ojo derecho y brillante es María. A través del ojo apagado todo el mundo se ha oscurecido, y los hombres andaban a tientas y cada piedra con la que tropezaban era un dios, y llamaban verdadero a lo falso. Pero cuando el mundo fue iluminado gracias al otro ojo, y la Luz celestial que residía en Él, los hombres se reconciliaron con Dios, dándose cuenta de que aquello con lo que tropezaban estaba destruyendo su propia vida.[13]

Efrén desarrolla este contraste entre Eva y María, aplicándolo a la Eucaristía. En su *Himno sobre el pan ácimo*, núm. 6, declara: "María nos ha dado el Pan del descanso, en lugar del pan del trabajo duro que Eva nos dio".[14]

Además de los contrastes ya mencionados, existen otros paralelismos, como el de que Eva fue herida por la serpiente, mientras María y su hijo la vencieron. Si bien Eva fue la madre que acarreó la muerte a sus hijos, María es dadora de vida y la segunda madre de la humanidad y su descendencia; es "la medicina de la vida", el antídoto contra la "droga de la muerte" con la que Eva se envenenó.[15]

Los escritores siriacos contrastan a María no sólo con Eva, sino que también lo hacen con otras facetas del paraíso original, incluyendo a Adán, el árbol, y la propia tierra. En su *Himno sobre la Natividad*, núm. 1, Efrén habla sobre la "tierra virgen" que dio a luz a Adán, quien fue "señor de la tierra"; en la Natividad, otra virgen dio a luz a "Adán, quien es Señor del cielo".[16] Efrén desarrolla este tema

---

[13] Brock, "Poet", p. 248.
[14] Brock, "Mary and the Eucharist", p. 57.
[15] Kronholm, *Motifs,* pp. 105-106.
[16] Brock, "Marie dans la tradition", p. 9.

incorporándolo en la referencia paulina de la muerte que procede del primer Adán. Como ya se ha citado, en su *Comentario al Diatessaron* observa:

> Pero así como los propios cuerpos han pecado y han de morir, y su madre la tierra fue maldecida, de igual modo por razón de este cuerpo, que en sí mismo es la iglesia, y que no está corrupto, la tierra ha sido bendecida desde el comienzo. Pues la tierra es el cuerpo de María, el templo que recibió la semilla.[17]

Jacobo de Sarug descubre paralelismos directos entre Adán y María, especialmente al momento de contrastar el origen de Eva con la concepción virginal de María. En sus homilías métricas explica que así como Adán dio a luz a Eva sin haber tenido relaciones sexuales, María dio a luz de un modo semejante. El Espíritu sopló sobre el rostro de Adán y dio a luz a Eva, y el mismo Espíritu fue recibido por María, quien dio a luz a su hijo. En el alumbramiento de "la madre de todos los vivientes" por parte de Adán está prefigurado el nacimiento de Cristo, la fuente de toda vida.[18]

Jacobo de Sarug da un paso más y atribuye un rol activo a María en la obra de redención:

> El camino hacia el Edén, que había sido clausurado, pudo ser nuevamente transitado; gracias a María, la serpiente ha huido y los seres humanos pueden ahora acercarse a Dios; gracias a María, el querubín entregó su espada y dejó de custodiar el Árbol de la Vida [Cristo], que desde entonces se nos da como alimento.[19]

***

---

[17] Murray, "Mary, the Second Eve", p. 380.

[18] Brock, "Marie dans la tradition", pp. 9-10.

[19] *Ibid.*, p. 12.

En las vísperas dedicadas a María, la liturgia maronita, proclama: "María, te asemejas al paraíso donde fue plantado el árbol de la vida, tú, de quién vino el Creador y dador de vida. Sin embargo, el Paraíso ha dado a la humanidad el fruto del pecado, que corrompió a la raza humana desde su raíz; pero tú diste a toda la raza humana el fruto bendito que la salva, y le entregaste la vida de la gracia".

Otras tipologías y símbolos de María

Los escritores siriacos recurrieron a múltiples imágenes al intentar entender el significado del papel de María. El *Himno sobre María*, núm. 7, atribuido a Efrén, describe a María como un barco que lleva al "gran timonel de la creación", quien trajo la paz a los cielos y a la tierra.[20] Una *Homilía sobre la Natividad*, también atribuida a Efrén, compara a María con la "zarza ardiente". Declara cuán asombroso es que el seno de María fuera capaz de portar "fuego llameante" sin quemarse. Su seno debe ser comparado con la zarza del Horeb, que "portó a Dios entre llamas".[21] María es un palacio donde moró el Rey de reyes, así como el nuevo cielo en el que habita. El Señor se formó y se revistió a partir de sus rasgos, si bien por su propia naturaleza no fue semejante a ella.[22] Sebastian Brock hace notar que los escritores siriacos observaron muchas tipologías bíblicas de María, y que la mayoría de ellas, como el arca, la zarza ardiente y el templo, tienen en común el hecho de haber contenido o portado algo más santo que ellos mismos.[23]

---

[20] Brock, *Harp,* p. 59.

[21] *Ibid.,* p. 62.

[22] *Ibid.,* p. 66. Jacobo de Sarug replica la imagen de María como un "pozo": "María es el 'nuevo pozo' del que brotaron las aguas vivas; aunque no fue atravesada, dio a luz ríos abundantes para el mundo sediento". Brock, "Mysteries", p. 470.

[23] Brock, *Harp,* p. 34; Brock, "Marie dans la tradition", p. 9.

La relación entre María y Cristo

Efrén profundiza aún más en el papel de María en la salvación meditando en torno a los diversos modos en que María se relaciona con Cristo. En su *Himno sobre la Natividad*, núm. 16, la presenta diciendo:

> ¿Cómo debería llamarte, oh extraño que te has convertido en uno de nosotros? ¿Debería llamarte "Hijo"? ¿Debería llamarte "Hermano"? ¿Debería llamarte "Esposo"? ¿Debería llamarte "Señor"? ¡Eres quien ha engendrado a su madre a partir de un segundo nacimiento tras salir de las aguas! Pues yo soy tu hermana de la casa de David, quien es nuestro segundo padre; no obstante, soy tu madre por causa de tu concepción; y soy [tu] prometida por causa de tu castidad: sierva e hija por la sangre y el agua, pues Tú [me] compraste y [me] bautizaste.
>
> El Hijo del Altísimo vino a morar en mí, y me convertí en su madre, y cargué con Él, siendo que por otro nacimiento Él me dio a luz a través de un segundo nacimiento.
>
> ¡El manto de su madre con el que se revistió, su cuerpo, yo me lo he puesto con su gloria![24]

---

[24] Murray, "Mary, the Second Eve", p. 376.

IX
Sacramentos de iniciación: bautismo y confirmación

La encarnación y la redención de Cristo representan el cumplimiento de la creación y la realización de las sombras y las tipologías del Antiguo Testamento. Sin embargo, Cristo no sólo lleva a cabo la salvación, sino que también hace realidad la divinización de las creaturas, principalmente a través de la acción del Espíritu. Los eventos del bautismo de Cristo en el Jordán y su muerte en la cruz no pretendían ser momentos concretos en el tiempo, sino manifestaciones del poder que se extiende a lo largo del tiempo. Las aguas bendecidas gracias al bautismo de Cristo, así como el agua y la sangre que brotaron de su costado, son regalos que ha entregado a su esposa, la Iglesia, y a sus hijos a través de la historia. Aunque las tipologías se han cumplido, los nuevos "misterios" han sido establecidos con su poder divinizante gracias a las acciones simbólicas de Cristo. Efrén descubre en el Antiguo Testamento el establecimiento de una tradición que continúa a través de la generación de los sacramentos, como una extensión natural de la economía de la salvación en la historia. A su modo de ver, la obra de la divinización y de la salvación se mantiene como una extensión del Cuerpo de Cristo.

El misterio central es la Eucaristía, que es tanto causa como señal de la comunidad de la Iglesia. De hecho, la asamblea que se congrega para participar de la Eucaristía constituye el núcleo esencial del ser de la Iglesia. Sin embargo, sólo aquellos que, por medio de las aguas del bautismo y la unción del crisma, han sido liberados gracias al poder divinizante del espíritu de Cristo cumplen con las condiciones para participar de la Eucaristía. De acuerdo con Paul Verghese, la Eucaristía es la razón de ser del cuerpo de Cristo en el mundo del espacio y del tiempo. Todos los "misterios" se completan en la Eucaristía.[1] Los sacramentos del bautismo, de la crismación y de la Eucaristía constituyen elementos integrales en el proceso de divinización.

Antes de discutir estos misterios individualmente, deben hacerse algunas anotaciones respecto al significado de la propia palabra "misterio" en la tradición siriaca. Como ya se ha desarrollado en el capítulo dedicado a la revelación, el término siriaco para misterio es *raza*, que tenía diversas aplicaciones en el siglo IV. Dicho término designaba a cualquier símbolo religioso (especialmente las "tipologías" del Antiguo Testamento), a los ritos sacramentales y, en su forma plural, a la Eucaristía.[2]

Verghese explica que el término *raza* en siriaco proviene de la raíz *raz*, que significa "conspirar", y que sus orígenes posiblemente se encuentran en los cultos mistéricos. No obstante, en la Siria eclesiástica adquirió un significado especial como un acto de la comunidad elegida, instruyendo a los bautizados o realizando el gran misterio del Cenáculo. Por lo tanto, un misterio puede poner al frente algún evento de significado eterno. A su vez, el "misterio" es un acto colectivo de un grupo específico, que se mantiene cerrado a los que no están incluidos en él. Es, por así decirlo, una realidad de orden eterno, que se manifiesta en el tiempo a través de una acción colectiva

---

[1] Paul Verghese, "The Relation between Baptism, 'Confirmation,' and the Eucharist in the Syrian Orthodox Church", *Studia Liturgica*, núm. 4, 1965, p. 84.

[2] Murray, *Symbols,* p. 21.

de la Iglesia para aquellos que, iniciados ya en el misterio, ahora viven conforme a éste.[3]

William de Vries añade que esta noción de misterio transmite el significado de "símbolos misteriosos" de un mundo superior, y que logra introducirnos eficazmente en dicho mundo. Resulta particularmente claro que el bautismo, la crismación y la Eucaristía implican materia que es informada por el espíritu. Los padres describen la acción del Espíritu que "revolotea" sobre la materia o que "da vueltas alrededor" de ella. De este modo, lo divino se concreta y queda incorporado en la materia visible. Por ejemplo, Moisés Bar Kepha establece un paralelismo entre la Eucaristía y la crismación: "Comprendemos y concebimos a través de los ojos del alma que Dios el Verbo se une con el pan, con el vino, y con el aceite del crisma".[4] En la tradición litúrgica siriaca, el agua y el crisma del bautismo se consagran con una *epíklesis*, al igual que el pan y el vino de la Eucaristía. Pasan a ser materia "dinamizada".

Joseph Lécuyer percibe este modo de entender el misterio reflejado en la liturgia. Explica que al comienzo de la anáfora los fieles han de creer, trascendiendo las apariencias sensibles y los signos terrenales de la liturgia, que se está realizando una realidad invisible y celestial. Cada misterio es una indicación de señales y símbolos de cosas invisibles e inefables. Para Juan Crisóstomo, si bien la Eucaristía es un sacrificio que acontece en la tierra, la realidad que contiene es toda ella celestial. "Estar presente en el sacrificio es estar presente en un espectáculo celestial." Nuestro altar es una mesa celestial que recibe los dones de la tierra y sobre la que se lleva a cabo un intercambio admirable entre los cielos y la tierra; su presencia es doble, "establecida en la tierra, y cercana al trono celestial".[5]

---

[3] Verghese, "Relation", pp. 82-83.

[4] De Vries, "Théologie des sacraments chez les Syriens monophysites", *L'Orient Syren*, núm. 8, 1963, pp. 264-265.

[5] Joseph Lécuyer, "La théologie de l'anaphore selon les pères de l'école d'Antioche", *L'Orient Syrien*, núm. 6, 1961, pp. 389-396.

Bautismo

La iglesia siriaca considera el bautismo de Cristo como el evento central que instituyó el sacramento del bautismo. A través del bautismo en el río Jordán, Cristo consagró todos los ríos del mundo. El cumplimiento de la acción bautismal de Cristo tiene lugar en la cruz, cuando brotaron sangre y agua del costado de Cristo. Sin embargo, en relación con el bautismo, la tradición más temprana no enfatizó la noción de "morir y resucitar"; más bien entendía el bautismo como un nuevo seno que daba a luz a nuevos hijos portadores de la imagen del nuevo Adán, revestidos nuevamente con el "manto de gloria". El bautismo anula los eventos lamentables del paraíso.

El bautismo en el Jordán

Respecto a la tradición siriaca, Sebastian Brock afirma que el bautismo de Cristo fue el origen del bautismo cristiano. Al momento de su bautismo se proclamó públicamente su Filiación (Mc 1, 11). Incluso en el Nuevo Testamento parece como si el bautismo de Cristo hubiera sido considerado como una "unción" (Hch 10, 38, véase Lc 4, 18), y la elección que encontramos en el Salmo 2, 7 constituye la base del bautismo de Jesús y su unción pública como Mesías-Rey.[6]

San Efrén concibe el bautismo de Cristo en el agua como si fuera análogo a la presencia divina en el seno de María y como un medio de divinización. A su vez, recurriendo a Moisés como ejemplo, afirma que así como Dios por su misericordia se limitó a acercarse a Moisés, de igual modo lo hace al acercarse con seres humanos endebles. El *Himno sobre la Epifanía*, núm. 8, explica:

> Por amor, Dios se agachó y descendió para mezclar su amor
> en las aguas, y para unir la naturaleza de su majestad con los
> débiles cuerpos de los seres humanos.

---

[6] Brock, "The Syrian Baptismal Rites", *Concilium*, núm. 122, 1979, p. 99.

Por medio de las aguas encontró el modo de descender hasta nosotros y habitar entre nosotros; igualmente, por el camino del amor descendió y habitó en el vientre: ¡Oh el amor de Dios, que busca toda ocasión para habitar entre nosotros!

Se rebajó y descendió a la cueva del Horeb, y extendió la sombra de su majestad sobre Moisés; mezcló su glorioso esplendor con un mortal. Ahí hubo una imagen del bautismo, pues descendió para habitar en ella y en el agua atemperó el poder de su majestad, para que pudiera habitar entre los enfermos. En Moisés habitó el Aliento, y en ti la plenitud de Cristo.

Nadie podía soportar semejante poder, ni Moisés, cabeza de los libertadores, ni Elías, cabeza de los zelotas; y los serafines también deben cubrir sus rostros, pues este poder todo lo somete. Su amor se mezcló gentilmente en el agua y en el aceite, para que la humanidad en su debilidad sea capaz de estar ante Él al quedar cubierta por el agua y el aceite.[7]

En su *Himno sobre la Epifanía*, núm. 9, Efrén también enseña que el bautismo hace que los seres humanos se conviertan en hijos del Espíritu, y que Cristo se convierte en el nuevo Adán y en la nueva cabeza del cuerpo de los cristianos. Efrén también simboliza el poder de la divinización, al hablar sobre una columna que se extiende del Jordán hasta los cielos. Describe a Juan viendo al Espíritu en la cabeza de Cristo quien, como "cabeza de las alturas", fue bautizado y se convirtió en "cabeza en la tierra". Por ende, los cristianos son hijos del Espíritu, miembros de Cristo, que es la cabeza. Efrén abunda al respecto:

Abran bien sus espíritus y contemplen, hermanos míos, la columna oculta en el aire, cuya base está afianzada en el agua y se eleva hasta la puerta en las Alturas, como la escalera vista por Jacob. Y contemplen cómo por ella desciende una luz hasta el bautismo, y el espíritu asciende hacia los Cielos, para que podamos reunirnos en un mismo amor.[8]

---

[7] Véase Cassingena, *Hymnes,* pp. 73-74.

[8] *Ibid.,* p. 88.

Respecto a esta cita también puede destacarse que, en la tradición siriaca más temprana, Cristo es visto como si consagrara las aguas del Jordán recurriendo a la imaginería del fuego. Esto podría ser producto de la reflexión en torno a Isaías (6, 6). Sebastian Brock cita a Jacobo de Sarug diciendo: "El santo descendió hasta el agua para estar con los bautizados; su fuego inflamó las aguas y las encendió". La tradición siriaca en ocasiones se refiere al Jordán como un horno.[9]

***

La liturgia maronita del bautismo refleja esta tradición. Afirma, refiriéndose a Cristo: "Él, que no tenía necesidad ni carencia alguna, fue bautizado en el Jordán para consagrarnos este seno que es la fuente bautismal, un seno saludable y fructífero. Por lo tanto, de acuerdo con su designio, así como el tuyo y el del Espíritu Santo, habitó en el mundo en tres moradas: en el seno de carne, en el seno bautismal y en la morada oscura del *sheol*".[10] Un antiguo himno maronita de la Epifanía declara: "Su fuego arde entre las olas y las inflama... Una brasa se enciende entre las olas; abajo, la conflagración de las flamas se propaga".[11]

El Espíritu sobre las aguas

La acción del Espíritu está presente con Cristo al divinizar las aguas del Jordán. El mismo Espíritu que descendió sobre María para que surgiera Cristo en su seno ejerce una acción similar en las aguas del Jordán, que se convierten en el seno maternal de todos los cristianos.[12] En su *Himno sobre la Epifanía*, núm. 6, Efrén habla sobre el Espíritu

---

[9] Brock, "Baptismal Themes", p. 327.

[10] Augustin Mouhanna, *Les rites de l'initiation dans l'église maronite*, Roma, Pontificium Institutum Orientalium Studorum, 1978, pp. 50-51.

[11] Tabet, "Beth-Gazo", pp. 294-295.

[12] Saber, *Théologie baptismale*, p. 172.

que desciende y santifica las aguas "mientras revoloteaba". En el Jordán, el Espíritu descendió sólo sobre Cristo, pero ahora desciende y habita en todos los que son bautizados.[13] En su *Sermón sobre el Señor*, núm. 53, Efrén concibe al Espíritu como si actualmente estuviera presente en las propias aguas bautismales:

> Como el Espíritu estaba con el Hijo, fue con Juan para ser bautizado, para poder mezclar las aguas visibles con el Espíritu invisible; para que quienes sientan la humedad del agua en sus cuerpos, puedan sentir en sus almas el don del Espíritu; para que, cuando los cuerpos sientan externamente cómo el agua es vertida sobre ellos, de igual modo internamente sientan cómo el Espíritu se derrama sobre ellos.[14]

Cristo consagra todas las aguas

La entrada de Cristo en el Jordán fue entendida como la consagración de todas las aguas de la tierra. Sebastian Brock cita a Jacobo de Sarug diciendo: "La naturaleza entera de las aguas se percató de que las habías visitado: los mares, las profundidades, los ríos, los manantiales y las pozas, todas se reunieron para recibir la bendición de tus pisadas".[15]

Brock usa esta creencia para explicar por qué, en algunos ritos bautismales antioquenos, la *epíklesis* se dirige a Cristo y no al Padre. Piensa que, si la tradición era que Cristo santificó todas las aguas bautismales, entonces es comprensible que a Él se le pida que envíe el Espíritu para realizar la santificación.[16]

***

---

[13] Citado por Thomas M. Finn, *Early Christian Baptism and the Catechumenate: West and East Syria*, Collegeville, Minn., Liturgical Press, 1992, pp. 166-167.

[14] Leonel Mitchell, "Four Fathers on Baptism: St. John Chrysostom, St. Ephraem, Theodore of Mopsuestia", en *Studies on Syrian Baptismal Rites*, editado por Jacob Vellian, núm. 47, Kottayam, India, CMS Press, 1973.

[15] Brock, "Baptismal Themes", p. 327.

[16] Brock, "The Epíklesis in the Antiochene Baptismal Ordines", *Orientalia Christiana Analecta*, núm. 197, 1972, p. 197.

En la bendición del agua en la Fiesta de la Santa Cruz, el celebrante reza: "Oh Señor, Tú santificaste todas las aguas cuando recibiste el bautismo en el río Jordán". En el rito maronita del bautismo, el diácono entona: "Oh Cristo, Dios nuestro, por tu santo bautismo santificaste las aguas del Jordán y todas las aguas". La "oración penitencial" de la fiesta de la Epifanía declara: "Tú [Cristo] fuiste bautizado en el río Jordán por Juan, tu precursor, para que gracias a tu bautismo el agua fuera santificada a fin de darnos un nuevo nacimiento".

Efectos del bautismo: el bautismo como un "nuevo vientre"

El bautismo, que simboliza y realiza la redención, revierte los efectos del pecado de Adán y comienza a restaurar su condición original. Incluso más importante, el bautismo constituye una nueva creación y un nuevo nacimiento. El agua del bautismo fácilmente representa la idea de un vientre, y también se la ve como un símbolo del agua primigenia. Efrén desarrolla esta idea en su *Himno sobre la Epifanía*, núm. 13, cuando afirma: "El bautismo es una madre que engendra cada día hijos espirituales, dándole a Dios nuevos hijos santos".[17]

Efrén relaciona la idea de un nuevo nacimiento con el perdón de los pecados. En su *Himno sobre la virginidad*, núm. 7, habla de los bautizados que son ungidos con aceite, recibiendo así el perdón de todos sus pecados. Los bautizados, que estaban sucios por el pecado, surgen ahora del "segundo vientre" del bautismo, puros como niños recién nacidos.[18]

Jacobo de Sarug habla de un nuevo nacimiento dado a Adán, relacionando el bautismo con la inmortalidad y con la espiritualidad. Afirma:

---

[17] Citado por Saber, *Théologie baptismale*, p. 177.
[18] Brock, *Harp,* pp. 48-49.

A Adán postrado le ha sido dada una nueva madre en lugar de la antigua; y cuando ésta lo dé a luz encontrará salvación. Pues, a diferencia de Eva, el bautismo ha entrado y ha ocupado su lugar listo para dar a luz la inmortalidad en la espiritualidad; a diferencia de aquella madre que dio a luz débiles cadáveres, esta madre da a luz seres vivos, racionales e inmortales... El seno del agua, en lugar del seno corporal, ha comenzado a engendrar "imágenes" racionales de un modo espiritual.[19]

Este tema se ve reflejado en los rituales bautismales. Ya desde el rito bautismal atribuido a Timoteo de Alejandría (m. 477) encontramos la siguiente oración: "Bendito seas, Señor, Dios nuestro, que a través de tu gran e inefable don has santificado el agua bautismal con la venida de tu Espíritu vivo y santo, para convertirla en el seno espiritual que da a luz al hombre nuevo en lugar de al hombre viejo".[20]

***

La liturgia maronita refleja con claridad precisamente esta idea del bautismo como un nuevo vientre. En el rito bautismal, la oración sobre las aguas declara:

Así como el seno de nuestra madre Eva dio a luz a hijos mortales susceptibles de corrupción, que así también el seno de esta fuente bautismal dé a luz a hijos celestiales e incorruptibles. Y así como el Espíritu Santo revoloteaba sobre las aguas durante la obra de la creación y dio vida a las creaturas vivientes y a animales de todo tipo, que también revolotee sobre esta fuente bautismal que es un vientre espiritual. Que habite en su interior y lo santifique. Que transforme al Adán terrenal en uno espiritual. Que todo el que entre en él para ser bautizado

---

[19] Brock, "Baptismal Themes", pp. 345-346.
[20] Brock, "A New Syrian Baptismal Ordo Attributed to Timothy of Alexandria", en *Studies on Syrian Baptismal Rites*, núm. 82.

quede permanentemente transformado y reciba una naturaleza espiritual en lugar de una naturaleza corporal, que participe en la realidad invisible en lugar de hacerlo en la realidad visible, y en lugar de un espíritu débil, que sea tu Espíritu dador de vida quien habite en su interior.

Una teología similar queda reflejada en la oración *sedro* de los laudes maronitas del primer domingo después de la Epifanía:

Oh Dios, que por tu amor te hiciste humano, naciste corporalmente para que los seres humanos pudieran acceder a la adopción filial, haciéndoles hijos de tu Padre por el agua y el Espíritu. Tú, que formaste a los hijos en el vientre, te quedaste voluntariamente confinado en el vientre para renovar la imagen de Adán, que había sido degradada y mancillada por la corrupción del pecado, y que has renovado a través del fuego de la luz pura y espiritual del bautismo. Tú, que no estás falto de nada, viniste a ser bautizado para santificar en tu bondad las aguas del Jordán [...] y con tu bautismo nos has revestido del adorno de la gloria, marcándonos con el sello de tu Espíritu Santo y vivo, y nos has llamado a ser hijos espirituales por este segundo nacimiento del bautismo que purifica los pecados. De igual modo, a través de tu fuerza poderosa e invencible, haznos glorificarte con rostros sonrientes, confiados como hijos muy amados.

Una nueva "imagen"

Como ya se dijo, un elemento clave en la antropología siriaca es que los seres humanos son imagen de Dios, una imagen que primero fue impresa en Adán, pero quedó distorsionada cuando Adán pecó. En el bautismo, se ve la restauración de dicha imagen. Por ejemplo, en su *Himno sobre la virginidad*, núm. 7, Efrén entona: La imagen real ha sido pintada con colores visibles. Con óleos visibles ha sido pintada la imagen oculta del rey invisible. El bautismo ha concebido en su seno a quienes han sido marcados. Crea una nueva imagen en lugar de la imagen corrompida por el primer Adán.[21]

En el *Himno sobre la virginidad*, núm. 48, Efrén ve en esta imagen restaurada una señal de la divinización: "El hijo embellece la deformidad del siervo, quien se ha convertido en un dios, tal y como Él deseó".[22]

Jacobo de Sarug continúa esta tradición, resaltando que el nuevo ser humano es configurado a partir del molde del propio Cristo. Presenta a Cristo explicando a Juan el Bautista lo siguiente: "Estoy entrando en el horno del agua para que la humanidad desfallecida pueda ser reconfigurada según mi huella. Deseo que se acerquen, como yo, a la fuente, a fin de que queden marcados espiritualmente con mi troquel".[23]

***

La liturgia maronita refleja esta enseñanza. En el rito bautismal atribuido a Jacobo de Sarug, el sacerdote que impone el incienso recita la siguiente oración:

> Oh Dios, que por tu amor te hiciste hombre, naciendo de la santa Virgen de un modo incomprensible sin semilla humana, para guiar a los hombres a la condición de hijos de tu Padre, haciéndoles hijos de tu Padre por medio de las aguas; tú, que moldeas a los niños en el vientre, te convertiste libremente en hijo para renovar la imagen dañada y envejecida de Adán a causa del pecado, renovándole a través del fuego de ese Horno espiritual y beneficioso, que es la fuente bautismal.[24]

---

[21] Citado por Saber, *Théologie baptismale*, p. 162.

[22] Brock, "Syrian Baptismal Rites", p. 103.

[23] Brock, "Baptismal Themes", pp. 337-338.

[24] Mouhanna, *Rites*, pp. 16-17.

Otro *qolo* declara: "Tu imagen envejecida quiso renovar, y al aparecer nos reunió con Él". La "oración penitencial" del domingo de la Epifanía declara: "Oh Creador de vida, te hiciste hombre para renovar la imagen de Adán, que quedó envejecida y distorsionada por el pecado".

El manto de gloria

Además de filiación divina y restauración de la imagen divina, el "manto de gloria" simboliza santificación. Si Adán y Eva perdieron el manto de gloria, Cristo lo recupera y restaura en el bautismo. San Efrén, en el *Himno sobre la Epifanía*, núm. 12, enseña lo siguiente:

> En el bautismo, Adán encontró la gloria que estaba entre los árboles [del paraíso]. Descendió y la recibió del agua; se revistió de ella, ascendió y fue adornado con honor. Bendito sea el que ha sido misericordioso con todos.
> La pareja de esposos fue adornada en el Edén; pero la serpiente robó sus coronas: sin embargo, la misericordia aplastó a la serpiente, e hizo que la pareja de casados volviera a engalanarse con espléndidas vestiduras. ¡Bendito sea Él, pues ha sido misericordioso con todos![25]

Jacobo de Sarug repite este tema cuando afirma: "El bautismo devuelve a Adán el manto de gloria, que la serpiente le robó entre los árboles". Para Jacobo, además del manto, los bautizados también se revisten de la *zayna*, una armadura protectora contra las flechas de Satanás.[26]

En su *Himno sobre la Epifanía*, núm. 4, Efrén reflexiona sobre la idea de los bautizados que se despojan de sus vestiduras para

---

[25] Véase Cassingena, *Hymnes,* p. 107.
[26] Brock, "Baptismal Themes", pp. 336-337.

revestirse de Cristo. Al hacerlo, también trae a colación las ideas de deificación e inmortalidad. Afirma:

> Desciendan, mis hermanos marcados, revístanse de nuestro Señor, y pasen a formar parte de su estirpe, pues Él es hijo de un gran linaje: así lo dijo en los Proverbios.
>
> Su naturaleza pertenece a lo alto, pero su atuendo es de lo bajo; cada uno está relacionado por siempre con esa vestidura que nos despoja de nuestra propia vestidura.
>
> En el agua, ustedes también reciben de él un manto que no se desgasta ni queda hecho jirones; se trata del manto que reviste por siempre a quienes lo portan.[27]

***

El rito maronita del bautismo afirma en el *sedro*: "Así como nos revestiste con el manto de gloria y nos marcaste con el sello del Espíritu Santo viviente, y así como nos llamaste para convertirnos en hijos espirituales vueltos a nacer a través del bautismo, haznos dignos de glorificarte". La "oración penitencial" para el domingo de Epifanía declara: "Por tu bautismo nos has revestido con el manto de gloria y con el sello del Espíritu Santo. Nos has llamado a ser hijos espirituales a través del segundo nacimiento del bautismo, que purifica a todos los pecadores".

El don del Espíritu

Si el bautismo da lugar a un renacimiento, su segundo gran don es el Espíritu. El Espíritu no sólo consagra las aguas, sino que también reside en el nuevo cristiano. Como se hizo ver, Afraates, basa su antropología en la distinción entre el cuerpo, el alma y el espíritu, enfocándose en la recepción del Espíritu Santo en el bautismo

---

[27] Véase Cassingena, *Hymnes*, p. 43.

153

como algo esencial para la inmortalidad futura de la humanidad. En su *Demostración*, núm. 6, enseña que, en el bautismo, cuando los sacerdotes invocan al Espíritu Santo, los cielos se abren y el Espíritu desciende sobre las aguas. Los bautizados se revisten el Espíritu, que se mantiene alejado de quienes han nacido por la carne hasta que son bautizados. En su primer nacimiento, los seres humanos son creados con almas animales, pero a través del bautismo reciben al Espíritu Santo y dejan de estar sometidos a la muerte. Cuando los seres humanos mueren, el alma animal es sepultada con el cuerpo, pero el espíritu celestial asciende hasta Cristo. Afraates continúa: "Y el espíritu animal queda engullido por el Espíritu celestial, y todo el hombre se vuelve espiritual, ya que su cuerpo es poseído por él [el Espíritu]. Y la muerte es engullida por la vida, y el cuerpo es engullido por el Espíritu".[28] En su *Himno sobre la Epifanía*, núm. 5, Efrén describe la presencia del Espíritu:

> Desciendan, hermanos, revístanse en la fuente del bautismo del Espíritu Santo, reúnanse con los seres espirituales que sirven a la Divinidad. Pues Él es el fuego secreto que marca a su rebaño con los tres nombres espirituales que aterran al Maligno.[29]

Jacobo de Sarug, reflexionando en torno a las enseñanzas bíblicas, declara que Cristo, a través del Espíritu Santo, nos ha constituido como hermanos y hermanas suyos. El Padre envía al Espíritu de su Hijo a nuestros corazones y, por medio del Espíritu, en verdad podemos llamar a Dios "nuestro Padre".[30]

✳✳✳

---

[28] Afraates, *Select Demonstrations, Select Library of Nicene and Post Nicene Fathers*, núm. 13, p. 371 y ss.

[29] Véase Cassingena, *Hymnes*, p. 49.

[30] Brock, "Baptismal Themes", p. 335.

El rito maronita del bautismo, atribuido a Jacobo de Sarug, ruega en la bendición del agua: "Que todos los que entren en ella reciban la fortaleza espiritual en lugar de la debilidad de la carne. Que junto a su vida natural reciban una vida espiritual, y que además de este mundo visible reciban una participación del mundo invisible, y en lugar de un espíritu débil, que sea tu Espíritu dador de vida quien habite en su interior."

Otros efectos

A partir de las Escrituras se descubre que uno de los principales efectos del bautismo es el perdón de los pecados. Los padres siriacos repiten esto último con frecuencia. Un modo de describir esta remoción de los pecados es por medio de la idea de la recuperación de la libertad. En el *Himno sobre la Epifanía*, núm. 4, san Efrén recurre a la imagen de la levadura en las aguas para describir la libertad conferida por Cristo:

> La Divinidad ha mezclado su levadura en el agua; la levadura se eleva en el lodo formado con la tierra, y queda inmersa en lo divino.
> Pues se trata de la levadura del Señor, que puede difundirse por el siervo y conducirle a la libertad; ha unido al siervo con la Nobleza, con Él, el Señor de todo.
> El Libertador de todo ha entrado en las aguas por el siervo, aunque sea un siervo en la tierra, ahora es un hombre libre en lo alto: la libertad es su adorno.[31]

Para Efrén, el bautismo es recuerdo del estado de la humanidad antes del pecado en el paraíso, pero también es promesa

---

[31] Véase Cassingena, *Hymnes*, p. 44.

del mundo venidero. Al quedar unidos a la Iglesia por medio del bautismo, los seres humanos están en camino hacia el reino futuro.[32]

***

La liturgia maronita resume los efectos del bautismo en la *sedro* del domingo después de la Epifanía:

> Oh Dios, te hiciste hombre por amor a nosotros. Naciste de la carne para reunir a la humanidad en la adopción de tu Padre, para hacernos hijos suyos a través del agua y del Espíritu Santo. Oh Creador de Vida, te hiciste hombre para renovar la imagen de Adán, que envejeció y quedó distorsionada a causa del pecado... Nos revestiste con tu bautismo, el manto de gloria y el sello del Espíritu Santo. Nos has llamado para que seamos hijos espirituales a través del segundo nacimiento del bautismo, que purifica a todos los pecadores.

La cruz y el bautismo

Con el bautismo de Cristo en el Jordán se origina el misterio del bautismo; a la vez, el bautismo de Cristo prefigura su muerte en la cruz, así como la sangre y el agua que brotaron de su costado atravesado. Para los padres siriacos, el agua del costado de Cristo no podía ser sino agua viva y, por ende, se trata de otro elemento involucrado en la constitución del misterio del bautismo. En el *Himno sobre el bautismo*, núm. 11, san Efrén declara: "El bautismo es el manantial de la vida, que el Hijo de Dios abrió con su vida; ríos enteros surgieron de su costado".[33] El *Himno sobre la Epifanía*, núm. 5, desarrolla un tema similar. "Del costado de Cristo brotó un río que fue la medicina de

---

[32] Saber, *Théologie baptismale*, pp. 173-174.
[33] Mitchell, "Four Fathers", p. 46.

la vida. Las 'naciones' fatigadas bebieron de él, y en él olvidaron sus dolencias."[34]

***

En los laudes de domingo, la *sedro* reza: "Admirable maravilla: anteayer el rey fue crucificado y sufrió; hoy se muestra victorioso tras su Resurrección. Dos días atrás, la lanza traspasó su costado; hoy, por su bondad, el bautismo ha sido inaugurado."

Efrén desarrolla aún más la noción de que la cruz es una cruz de luz, relacionándola con las aguas del bautismo. En su *Himno sobre la Epifanía*, núm. 13, afirma: "El Crucificado es un sol brillante que difundió su luz en el agua [del bautismo]. Llama a las naciones que viven en la oscuridad para que bajen [a las aguas], para que se revistan de luz, para que se adornen, y para que en esta luz resplandezcan sus rayos".[35]

Como ya se mencionó, Jacobo de Sarug habla más explícitamente del bautismo y su institución en la cruz. A su modo de ver, el nuevo nacimiento ocurre en el agua y en la sangre, y percibe al Espíritu Santo como si fuera insuflado en los recién bautizados. En su homilía sobre los tres bautismos, Jacobo afirma:

> Cristo vino y nos abrió el bautismo con su Cruz, para que fuera una madre de vida para el mundo en lugar de Eva; de él brotaron agua y sangre para conformar a los infantes espirituales, y de este modo el bautismo se convirtió en madre de vida. Los bautismos previos [es decir., de Moisés y de Juan] nunca proporcionaron al Espíritu Santo, esto sólo lo hizo el bautismo abierto por el Hijo de Dios en la Cruz; con "el agua y la sangre", da a luz a hijos espirituales y, en lugar de un alma, insufla en ellos el Espíritu Santo.[36]

***

---

[34] Véase Cassingena, *Hymnes*, p. 51.

[35] Citado por Saber, *Théologie baptismale*, p. 178.

[36] Citado por Brock, "Epiklesis", p. 212.

Esta creencia queda reflejada en la liturgia bautismal maronita. En el rito antiguo, la *epíklesis* incluye lo siguiente: "Que el Espíritu Santo descienda sobre esta agua y la santifique. Que la llene de fuerza inagotable, que la bendiga. Que pase a ser como el agua que brotó del costado de tu único Hijo en la cruz, para que purifique y limpie a todos los que sean bautizados en ella."[37] La "oración penitencial" del domingo de Resurrección declara: "Ayer su costado fue atravesado por una lanza; hoy, por su compasión, ha abierto para nosotros las aguas del bautismo".

En su trabajo en torno a la liturgia bautismal maronita, Augustin Mouhanna concluye, en el mismo sentido, que el día más apropiado para celebrar el bautismo en la iglesia maronita debería ser la Epifanía, y no la Pascua. Cita la obra canónica maronita medieval titulada *Kitab al-Hoda* (*Libro de la orientación*) como ejemplo. Ahí se dice:

> Él [Jesús] fue bautizado por Juan, su siervo; cuando recibió el Espíritu Santo y el bautismo ayunó durante cuarenta días y cuarenta noches para enseñarnos que todo cristiano primero ha de ser bautizado y recibir el vestido espiritual del agua consagrada. Y, una vez que se haya revestido del Espíritu Santo en el bautismo, entonces deberá practicar la primera de sus obligaciones: ayunar durante cuarenta días, como lo hiciera el Salvador del mundo.[38]

---

[37] Véase Brock, "New Syrian Baptismal Ordo", p. 81, y Brock, "A Short Melkite Baptismal Service in Syriac", *Parole de l'Orient,* núm. 3, 1972, p. 124.

[38] Véase Pierre Fahed, *Kitab al-Huda*, Aleppo, 1935, p. 113; citado por Mouhanna, *Rites,* p. 260.

Las unciones

Además de las aguas del bautismo, un elemento integral en el proceso de iniciación en el rebaño de Cristo es la acción de la unción. Cuando, atendiendo al pensamiento siriaco, consideramos el simbolismo del aceite de oliva y el vino, e incluso del "árbol de la vida" no es de sorprender que la unción sea un vehículo con el cual se representa tanto la presencia de Cristo como la acción del Espíritu.

Dado que el título "Cristo" significa "el Ungido", en muchos lugares san Efrén habla sobre cómo el crisma representa a Cristo. En el *Himno sobre la Epifanía*, núm. 3, explica:

> Cristo y el aceite se relacionan entre sí; lo invisible se une con lo visible: el aceite marca visiblemente; Cristo sella secretamente a las nuevas ovejas del Espíritu, marca al rebaño con una doble gloria; pues ha sido concebido con el aceite,[39] y ha nacido del agua.
> ¡Cuán exaltada es tu jerarquía! Mientras el siervo unge como siervo los pies del Señor, para ti es Cristo mismo quien, como siervo a través de su ministerio, marca sus cuerpos al ungirlos. Corresponde al Señor del rebaño marcar Él mismo a sus siervos.[40]

En su *Himno sobre la virginidad*, núm. 7, Efrén emplea la imagen de un pintor y de la pintura para describir al nuevo Adán, fruto de su unción bautismal:

> Un retrato real es pintado con colores visibles, y con óleos para todos visibles se plasma el retrato oculto de nuestro Rey, oculto en quienes han sido marcados: en ellos el bautismo, que es como el dolor de parto en su seno, queda representado con un nuevo retrato, que reemplaza la imagen corrupta del

---

[39] Esto quizá se refiere a la unción prebautismal.
[40] Véase Cassingena, *Hymnes*, p. 31.

primer Adán, y les da a luz a partir de tres dolores y los tres nombres gloriosos, el Padre, el Hijo y el Espíritu Santo.[41]

En el *Himno sobre la fe*, núm. 82, Efrén compara a los recién bautizados con buscadores de perlas. Así como los buceadores se desnudan y se embadurnan de aceite, son ungidos los bautizados. Continuando con la analogía de la perla y los buceadores, Efrén concibe que el acto de los buceadores que encuentran una perla simboliza a Cristo que rescata al alma de las fauces del Leviatán.[42] Sebastian Brock indica que, en una serie de himnos sobre el aceite y el olivo, Efrén desarrolla el tema del aceite como una tipología de Cristo ["el Ungido"].[43]

El hecho de que el crisma representaba a Cristo en la tradición siriaca puede apreciarse en escritos como los de Jacobo de Edesa. En su "Discurso sobre Mirón", explica:

> Así, por medio de una comparación con lo que no puede ser comparado, se nos retrata a Jesús simple que llegó a la composición (*rukkaba*, en siriaco), [Jesús] que es la fuente desbordante de la fragancia divina, que llena el intelecto con deberes divinos, como resultado de la maravillosa cualidad de la esencia del conocimiento.[44]

Si el aceite representa a Cristo, "el Ungido", el Espíritu Santo es quien unge a Cristo al momento de su bautismo. Por lo tanto, el aceite es el vehículo a través del cual el Espíritu Santo ejerce su poder. Así lo enseña Efrén con claridad, en el *Himno sobre la virginidad*, núm. 7, como también la idea de la unción como sello. Se refiere al aceite como un discípulo del Espíritu Santo. El aceite sería como un

---

[41] Brock, *Harp,* p. 48.

[42] *Ibid*, p. 33.

[43] *Ibid.*, pp. 46-47.

[44] Brock, "Jacob of Edessa's Discourse on the Myron", *Oriens Christianus*, núm. 63, 1979, p. 33.

anillo de sello con el cual el Espíritu Santo imprime su sello oculto. Los cuerpos de quienes han sido ungidos en el bautismo quedan marcados con el misterio bautismal.[45]

Debemos recordar que si bien Efrén y los demás escritores siriacos concentran su atención en Cristo o en el Espíritu, también existen referencias a la Trinidad. Por ejemplo, en el *Himno sobre la Epifanía*, núm. 3, Efrén afirma: "El Espíritu habitó en él [David] y compuso canciones en él. La unción que les diste ha sido mayor, ya que el Padre, el Hijo, y el Espíritu Santo han partido y descendido para habitar en ustedes".[46]

Sello y protección

La idea del "sello" tiene una rica historia en las tradiciones judía y siriaca. Guarda un significado de propiedad, una marca de autenticidad, y adquiere un carácter escatológico. En la tradición judía también se refiere a la circuncisión. En el mundo siriaco adquirió estos significados, así como la idea de protección en la lucha contra el mal. Este concepto de protección se relaciona especialmente con el hecho de ser marcados en la frente.[47]

Efrén ve en este gesto del sello un modo de distinguir al rebaño verdadero, que además lo protege contra el pecado y el mal. En el *Himno sobre la Epifanía*, núm. 3, declara: "En cuanto a ustedes, son el rebaño colocado entre los paganos y los infieles, y la Verdad les ha marcado con aceite para distinguirles de los que se han perdido.

---

[45] Brock, *Harp,* pp. 48-49.

[46] Véase Cassingena, *Hymnes,* p. 34.

[47] Vincent Van Vossel, "Le terme et la notion de 'sceau' dans le rituel baptismal des syriens orientaux", *L'Orient Syrien,* núm. 10, 1965, pp. 244-256; véase también Albertus Frederik Johannes Kiljn, "Baptism in the Acts of Thomas", en *Studies on Syrian Baptismal Rites,* p. 61.

El aceite de Cristo distingue a los iniciados de los profanos, a fin de poder separar claramente a quienes pertenecen de los que no.
Las ovejas de Cristo saltan de júbilo al recibir el sello de la vida, la marca de los reyes que siempre ha hecho huir al pecado.
El Maligno huye aterrorizado ante esta marca, ante ella las iniquidades se confunden y dispersan. ¡Vengan, ovejas, reciban la señal, que hace huir a quienes de lo contrario les devorarían![48]

Para Jacobo de Sarug, "el bautismo, la hija de las luces, provee la marca del Rey". Jacobo habla de esta marca tanto a través de la imagen del marcado de las ovejas como a través de la imagen del acuñado de monedas.[49] Jacobo de Edesa sigue la línea de esta tradición cuando afirma:

Por lo tanto, este aceite es el inicio del camino celestial, la escalera que lleva hacia el cielo, la armadura que defiende de los poderes hostiles, la marca indisoluble del rey, la señal que libera del fuego, el guardián de los fieles que hace huir a los demonios; da gozo a los ángeles, está vivo y es dador de vida, está lleno de maravillas, a cargo de misterios admirables.[50]

***

En el antiguo rito bautismal maronita, la oración *sedro* hace esta petición: "Y que todo daño del enemigo sea eliminado de nuestras vidas, y que tu santo sello sea para ellos su único guía y guardián".[51] El embolismo de la anáfora para la consagración de las aguas

---

[48] Véase Cassingena, *Hymnes,* pp. 32-37.
[49] Brock, "Baptismal Themes", p. 338.
[50] Brock, "Jacob of Edessa's", p. 33.
[51] Brock, "New Syrian Baptismal Ordo", p. 74.

bautismales reza: "Oh buen Pastor, que encuentras a los extraviados y marcas a tu rebaño con el signo de la gloriosa Trinidad, protege, por tu glorioso nombre, a este rebaño del lobo rapaz". La "intercesión por los difuntos" de la *Anáfora de san Juan* pide: "Recuerda, oh Señor, por tu gracia, a aquellos que nos han dejado y han ido a ti, desde los primeros discípulos cristianos hasta el día de hoy. Fueron bautizados y sellados con su sello (*brushmo*), y recibieron el Cuerpo y la Sangre preciosos de tu Hijo".

Efrén, en su *Himno a la virginidad*, núm. 7, afirma claramente que el aceite purifica y perdona el pecado. Describe el aceite como una "fuente provechosa" que elimina los pecados como lo hiciera el diluvio cuando destruyó a los impuros. El aceite elimina los pecados en el bautismo, porque el pecado se ahoga en el agua. El aceite, al igual que Cristo, paga por amor las deudas que no le corresponden.[52]

Jacobo de Edesa, en su "Discurso sobre Mirón" habla sobre diversos significados y efectos del crisma. Por ejemplo, refiriéndose a la práctica del Antiguo Testamento de ungir a los profetas, a los sacerdotes y a los reyes, explica que los cristianos son ungidos y, consecuentemente, son perfeccionados como sacerdotes y como discípulos de los apóstoles. Por lo tanto, se presentan ante Dios "como un pueblo santo, como una asamblea redimida, como un sacerdocio real, como una nación elegida y de dulce aroma, resplandeciente con un ropaje invisible".[53] También emplea la imaginería matrimonial del Antiguo Testamento, y afirma que la Iglesia es la esposa de Dios Verbo, quien se hizo hombre, "comparándolo con el aceite, porque ha ungido y unido nuestra humanidad temporal con su divinidad eterna".[54]

---

[52] Brock, *Harp,* p. 49.

[53] Brock, "Jacob of Edessa's", p. 30.

[54] *Ibid.,* p. 31.

Unción pre y postbautismal

El consenso académico parece ser que, en la tradición siriaca temprana, la unción principal que representaba la acción del Espíritu Santo ocurría antes de la inmersión bautismal. Brock y otros han observado que la enseñanza paulina en torno al bautismo como el entierro y posterior resurrección con Cristo no se encuentra en los textos bautismales siriacos tempranos. De hecho, Brock hace notar que la unción prebautismal es "carismática" en carácter, en comparación con el papel "catártico y exorcista" de esta unción en otras tradiciones.[55] A partir del estudio de las obras de Efrén, Leonel Mitchell sostiene que la liturgia del bautismo consistía principalmente en la unción prebautismal y la inmersión bautismal. Destaca que, en el *Himno sobre la Epifanía*, núm. 3, Efrén habla sobre cómo, al momento de su purificación, los leprosos reciben del sacerdote una marca de aceite, para posteriormente lavarse.[56] Gabrielle Winkler destaca que, por lo general, las fuentes siriacas más antiguas, de los siglos III y IV, llamaban a la unción prebautismal de la cabeza *rushma* ("signo" o "marca"), mientras que el término *hatma* ("sello") solía reservarse para la unción postbautismal, introducida hacia finales del siglo IV .[57] Brock añade que, originalmente, la unción prebautismal se aplicaba sobre la frente, aunque posteriormente se extendió a todo el cuerpo, lo que en ocasiones dio pie a dos unciones prebautismales separadas.[58]

Por otro lado, a partir del siglo V se encuentran referencias en torno a la unción postbautismal. Una posible referencia al respecto

---

[55] Brock, "Syrian Baptismal Rites", p. 100.

[56] Mitchell, "Four Fathers", p. 44.

[57] Gabrielle Winkler, "The Original Meaning of the PreBaptismal Anointing and Its Implications", *Worship*, núm. 52, 1978, p. 27.

[58] Brock, "Syrian Baptismal Rites", p. 98; véase también Brock, "The Transition to a Post-Baptismal Anointing in the Antiochene Rite", en *The Sacrifice of Praise,* editado por Brian D. Spinks, Ephemerides Liturgicae Subsidia, Roma Editione Liturgiche, 1981.

se encuentra en Teodoro de Mopsuestia. Esto puede constatarse en las *Constituciones apostólicas*, en Pseudo-Dionisio, en Severo y en Juan de Tella.[59]

Hay muchos factores implicados en la institución de la unción postbautismal. Winkler y Brock observan que, hacia el final del siglo IV, se enfatizó el modo paulino de comprender el bautismo como muerte y sepultura. Así pues, la pila bautismal se interpretaba como una tumba, en lugar de verla como un vientre, y la unción prebautismal perdió su carácter carismático. Por lo tanto, esta migración del énfasis de la imaginería joánica al de la paulina dio por resultado una reinterpretación de la unción prebautismal como algo catártico y protector.[60]

Edward Craddock Ratcliff subraya que la iglesia de Jerusalén, quizá debido a su cercanía con los santos lugares, puede explicar el énfasis sobre la muerte y la sepultura de Cristo. Cirilo de Jerusalén describe dos unciones diferentes. En la tercera homilía mistagógica habla sobre una unción prebautismal realizada con el aceite del exorcismo, y en la cuarta homilía habla de una unción con crisma (*myron*). Cirilo explica que la nueva ceremonia de la unción como *myron* constituye un símbolo de la venida del Espíritu Santo sobre Jesús para "ungirle" tras salir de las aguas de su bautismo. Por lo tanto, aquí la atención se dirige al Espíritu Santo, que desciende sobre Cristo después de que éste salió del Jordán. A diferencia de sus predecesores, Cirilo distingue entre el descenso de Cristo en el agua y lo que siguió a ese momento. Cirilo reinterpreta la primera unción como el modo de "expulsar cualquier rastro del adversario y purificar las trazas del pecado". Como Cirilo sigue la noción paulina de Romanos (6, 3-5),

---

[59] Alphonse Raes, "Où se trouve la confirmation dans le rite syro-oriental?", *L'Orient Syrien, núm.* 1, 1956, pp. 244-245; véase también Brock, "Short Melkite", pp. 120-121.

[60] Brock, "Syrian Baptismal Rites", p. 100, y Brock, "Epíklesis", p. 207.

la triple inmersión en el agua ahora simboliza los tres días que Jesús pasó en el sepulcro.[61]

Aunque Winkler rechaza el argumento topográfico de Ratcliff en torno a Jerusalén y sus lugares santos, también cita especialmente los escritos de Cirilo de Jerusalén, junto con los de Juan Crisóstomo y Teodoro de Mopsuestia, enfocándose en el enfrentamiento entre el alma y los poderes demoniacos, en lugar de resaltar el efecto carismático de la unción. Se interpreta la preparación de los catecúmenos para el bautismo como una batalla contra satanás. Destaca que los catecúmenos pasaban por exorcismos diarios durante su periodo de preparación, y que esto acabó convirtiéndose en un factor predominante en la mitad occidental de Siria y de Palestina.[62] Winkler piensa que, dado que los ritos de preparación ahora tenían un carácter predominantemente catártico y exorcista, y dado que eran vistos como una condición indispensable para recibir al Espíritu, la unción prebautismal ya no podía entenderse como si fuera el don del Espíritu. Los catecúmenos debían ser purificados y lavar sus pecados, antes de poder recibir al Espíritu. Winkler sostiene que la unción después del bautismo se introdujo para simbolizar la llegada del Espíritu.[63]

Brock, por su parte, opina que este cambio de significado de la unción prebautismal se debe a un cambio de énfasis que ocurrió ante la acelerada cristianización del imperio romano en el siglo IV tras la conversión de Constantino. Antes de este momento, sus orígenes judíos ejercieron gran influencia sobre el cristianismo siriaco. A partir de este momento se manifestó un carácter más helenizado. En el periodo temprano de la unción prebautismal, ésta representaba el nuevo equivalente de la circuncisión cristiana, y se pensaba que los

---

[61] Edward Craddock Ratcliff, "The Old Syrian Baptismal Tradition and Its Resettlement under the Influence of Jerusalem in the Fourth Century", en *Studies on Syrian Baptismal Rites, pp.* 88-98.

[62] Winkler, "Original Meaning", pp. 39-40.

[63] *Ibid.,* pp. 40-41.

bautizados eran ungidos para formar parte de un sacerdocio real. Por lo tanto, la *rushma* simbolizaba propiedad, filiación y sacerdocio.

De acuerdo con Brock, esta nueva mentalidad propició una interpretación protectora de la unción. Afirma que, mientras la unción en el Antiguo Testamento se basaba en que ésta representa la unción de los sacerdotes y su carácter carismático, conforme el cristianismo se fue institucionalizando, esta noción se fue relegando. Ahora, la atención se concentraba en el bautismo de Cristo como modelo del bautismo cristiano, así como en el hecho de que el Espíritu Santo sólo apareció después de que Cristo salió del agua. Como ya se ha destacado, en este caso se enfatizaba la interpretación paulina del bautismo de Cristo, es decir, significando la muerte y la resurrección. En opinión de Brock, la imaginería de la pila bautismal como sepulcro choca con el modo anterior de entender la *rushma* y su modo positivo de entender, por ejemplo, la filiación. Por lo tanto, se puede apreciar una vía abierta por donde se introduce la unción postbautismal y se incorporan estos elementos positivos. Brock concluye que las tensiones desencadenadas por los desarrollos correspondientes a finales del siglo IV "crearon una dinámica interna dentro del propio rito que exigía la introducción de una nueva unción postbautismal, que asumiera aquellas características que ya no podían asociarse con la *rushma*". La *rushma* sólo conservó un significado protector y catártico.[64]

Otro posible elemento que influyó en la institución de una unción postbautismal fue la decisión tomada en el Concilio de Laodicea (363) respecto a qué hacer con quienes habían sido válidamente bautizados por herejes, pero no recibieron el don del Espíritu Santo. El Concilio enseña que aquellos que han sido bautizados válidamente pero que en aquel momento eran herejes deberían anatemizar la herejía, aprender el credo y, sólo después, tras haber sido ungidos con el santo crisma, estarían en condición de comulgar en los santos misterios. Esta visión parece imponer la

---

[64] Brock, "Transition", pp. 217-225.

unción postbautismal como requisito para recibir al Espíritu entre aquellos que ya han sido bautizados.[65]

Bernard Botte y otros especulan que esta unción con la cual se recibe "el don del Espíritu" fue posteriormente extendida a todos. Esto explicaría el canon cuadragésimo octavo del Concilio de Laodicea, que afirma: "Es necesario que quienes han sido bautizados sean tras su bautismo ungidos con el crisma celestial, para así convertirse en participantes del reino de Cristo".[66] No obstante, Winkler se muestra escéptica ante esta explicación de la unción postbautismal, y tiende a creer que la mejor explicación es la dinámica interna que entra en juego al momento de modificar el significado del bautismo, que, de ser un recuerdo del bautismo de Cristo en el Jordán, adquiere ahora su énfasis catártico.[67]

Podríamos concluir la discusión con una advertencia hecha por Brock y otros. El rito bautismal en la iglesia siriaca siempre ha incluido dos elementos constitutivos, la unción y el bautismo, independientemente del orden en que estos elementos ocurran. Sin embargo, el desarrollo de la unción postbautismal, en términos tanto del lugar en que se aplica como de su significado, distó en gran medida de la mentalidad de Occidente. Por lo tanto, sería engañoso intentar establecer paralelismos entre ambas tradiciones.[68]

---

[65] Bernard Botte, "Post-Baptismal Anointing in the Ancient Patriarchte of Antioch", en *Studies on Syrian Baptismal Rites,* pp. 63-71.

[66] Raes, "Où se trouve", pp. 245-246.

[67] Winkler, "Original Meaning", 42n63.

[68] Brock, "Syrian Baptismal Rites", pp. 98-99.

X
Sacramentos de iniciación: la Eucaristía

Desde los albores de la tradición, se comprende la Eucaristía como la conclusión de la iniciación en el discipulado de Cristo. La Eucaristía constituye a la Iglesia y representa su misterio central. Las demás celebraciones sacramentales cobran sentido por la Eucaristía. O bien, pensándolo de modo inverso, podría afirmarse que el propósito del bautismo es hacer que alguien sea digno de participar de la Eucaristía. Todos estos temas pueden rastrearse entre los padres siriacos.

En la mente oriental no se da prioridad a la idea de la Iglesia como sacramento, entendiendo los siete sacramentos como una especie de analogía. Más bien, la Eucaristía constituye a la Iglesia. La Eucaristía y la Iglesia son realidades primordiales y, en esencia, poseen el mismo nombre: "comunión" o "cuerpo de Cristo". La Eucaristía transmite caridad, pero lo hace dentro del contexto de una comunidad visible. Los demás sacramentos conducen a los seres humanos a un estado apto en el que pueden participar fructíferamente de este sacramento central. Desde esta perspectiva, el bautismo es una preparación para la asamblea eucarística.[1]

---

[1] Adrian Hastings, "The Sacramentality of the Church", *Eastern Churches Quarterly,* núm. 16, 1964, pp. 222-225.

Como ya se ha hecho ver, san Efrén considera el cuerpo de Cristo como vehículo de salvación. El cuerpo con el que Cristo sanó a los seres humanos y con el que resucitó es el mismo que nos ha entregado bajo forma sacramental para sanarnos, para incorporarnos en Él a través de su Iglesia y darnos la garantía de su resurrección.[2]

En otro sentido, los sacramentos también representan una *kénosis* del poder divino en la realidad de las creaturas. En su *Himno sobre la fe*, núm. 6, Efrén sintetiza la *kénosis* implicada en los sacramentos, en la encarnación, y en la revelación:

> Pues con el pan se come una fuerza que no ha de comerse, y con el vino se bebe un poder que no ha de beberse; con el aceite recibimos unción con un poder para una unción que no es para complacer ni para comer, pues Él ha suavizado su apariencia ante nuestros ojos y ha suavizado su poder con las palabras, para que el oído pueda escucharle.[3]

Desde los primeros días de la Iglesia, se interpretaba la Eucaristía como un gran acto colectivo de todo el pueblo. En su *Catequesis mistagógica*, Teodoro de Mopsuestia parece asumir que todos los presentes participarán de la comunión. Afirma:

> El sacerdote pide que la gracia del Espíritu Santo también descienda sobre todos los presentes, para que [...] puedan entretejerse en un único cuerpo por la comunión de la carne de nuestro Señor...
> Todos participamos igualmente de él [el santo pan], y todos constituimos un cuerpo de Cristo, nuestro Señor, y todos participamos del mismo cuerpo y de la misma sangre. Así como a través del segundo nacimiento y a través del Espíritu Santo todos nos transformamos en un solo cuerpo de Cristo, así también es que, a través del único alimento del santo sacramento,

---

[2] Murray, *Symbols,* pp. 69-70.
[3] Citado por Murray, "Hymn of St. Ephrem", p. 147.

por medio del cual la gracia del Espíritu Santo nos alimenta, todos estamos en comunión con Cristo nuestro Señor.[4]

Los escritores siriacos asumen una relación directa entre el bautismo y la Eucaristía. El bautismo incorpora al candidato en la Iglesia, y también le permite tener acceso a la santa Eucaristía, que es la causa y manifestación de dicha incorporación. Para Afraates, "cuando el corazón ha quedado circuncidado de las obras perversas, entonces se puede avanzar al bautismo, que es la consumación de la verdadera circuncisión; de este modo se une al pueblo de Dios y participa del cuerpo y de la sangre de Cristo".[5] Efrén relaciona directamente el bautismo y la Eucaristía cuando declara: "En cuanto este seno ha dado a luz, el altar lo amamanta y nutre: sus hijos comen directamente, en lugar de la leche, un pan perfecto".[6] A su vez, Efrén enseña el concepto de la iniciación cristiana como incorporación. Por ello, el *Himno sobre la Epifanía*, núm. 3, dice: "La figura ha pasado, la verdad se ha realizado, con aceite has sido marcado, por el bautismo has sido perfeccionado, te has mezclado con el rebaño, te has alimentado de su cuerpo".

En la tradición litúrgica siriaca existe una idea similar expresada en la oración sobre las aguas bautismales, que reza: "Y santifícale en su alma, en su cuerpo y en su espíritu. Que se convierta en un nuevo y santo hijo, para la vida eterna; y llévale a ser partícipe del santo cuerpo y de la santa sangre, para que reciba de ellos la propiciación de las faltas y el perdón de los pecados, para la vida eterna".[7]

---

[4] Francis Reine, *The Eucharistic Doctrine of the Liturgy of the Mystagogical Catecheses of Theodore of Mopsuestia*, Washington, D.C., The Catholic University of America Press, 1942, pp. 40, 48.

[5] Afraates, *Demonstration,* núm. 12, *On the Passover,* citado por Edward Duncan, *Baptism in the Demonstrations of Aphraates the Persian Sage*, Washington, D.C., The Catholic University of America Press, 1945, p. 145 y ss.

[6] Efrén, *Hymn on Virginity,* núm. 7, citado por Brock, *Harp*, p. 49.

[7] Brock, "Short Melkite", p. 124.

La Eucaristía como misterio

Los padres siriacos estaban conscientes de que en la Eucaristía nos enfrentamos a un gran misterio, que sólo puede comprenderse a través de la fe. Como hemos revisado, para Efrén la Eucaristía debe entenderse dentro del concepto de una imagen que prefigura la realidad. En el *Himno sobre la Natividad*, núm. 16, analiza el misterio de la Eucaristía a través de la mediación de María:

> Cuando veo tu imagen externa ante mis ojos, en mi mente puedo representarme tu imagen oculta. En tu imagen revelada vi a Adán, pero en tu imagen oculta vi a tu Padre, que está unido a Ti.
>
> ¿Has mostrado tu belleza con dos imágenes sólo a mí? Que el pan y la mente te retraten. Habita en el pan y en quienes lo comen. En las [formas] oculta y revelada, permite que tu Iglesia te vea como [lo hace] quien cargó contigo.
>
> Tu imagen es representada con la sangre de las uvas sobre el pan, y queda retratada sobre el corazón por el dedo del amor con los pigmentos de la fe.[8]

La Eucaristía como alimento
y garantía de la inmortalidad

San Efrén percibe en la encarnación no sólo a Dios revelándose a sí mismo de forma finita, sino que también descubre ahí el vehículo de nuestra deificación, en definitiva, Cristo entregándonos su cuerpo. Efrén explica en su *Homilía sobre nuestro Señor*:

> Con la levadura del cuerpo de aquel que completa, la falta de nuestra creación se llenó. No habría sido apropiado para nuestro Señor cortar una parte de Su cuerpo para llenar la falta de otros cuerpos. Llenó la deficiencia de los faltos con algo que

---

[8] San Efrén, *Ephrem the Syrian: Hymns,* pp. 149-150.

Él era capaz de separar de sí mismo. Así como los mortales le consumen por medio de algo comestible, así también llenó la falta y dio vida a la mortalidad. Deberíamos por tanto aprender que la deficiencia de los faltos fue llenada con un cuerpo en el que residía la plenitud. Así, a los mortales se les ha entregado la vida a partir de un cuerpo en el que residía la vida.[9]

Aunque Cristo literalmente no corta nada de su cuerpo histórico, nos entrega aquello que puede tomar de sí mismo. Por lo tanto, "los mortales comen de Él lo que es comestible".

En el *Himno sobre la fe*, núm. 10, Efrén declara por vía poética que el poder de la Eucaristía vence al poder de la muerte. Mientras la muerte había devorado a los seres humanos como pan, el pan de la Eucaristía aniquila a la muerte, al igual que lo hace el cáliz. Obtenemos vida al consumir el pan y el vino eucarísticos.[10]

***

El oficio maronita de Pascua refleja este tema en su primer *qolo*. Tras hablar sobre la redención de Cristo, observa: "La Iglesia contempla su banquete; inmolado, se convirtió en alimento, y su sangre [se convirtió] en bebida espiritual; su Iglesia la saborea cada día, hasta que se regocije con Él en el reino de los cielos".[11] La "intercesión por los difuntos" en la *Anáfora de san Juan Marón* reza: "Que el Misterio de tu Cuerpo y de tu Sangre sea para ellos una garantía de la vida, un fuego que consuma los pecados y un ascua encendida que destruya sus transgresiones". La oración final de la *epíklesis* de la *Anáfora de san Juan* ruega: "Que estos santos Misterios [...] sean garantía del reino celestial y de la nueva vida, por siempre".

---

[9] Mathews y Amar (eds.), *St. Ephrem the Syrian,* p. 287.

[10] Murray, "Hymn of St. Ephrem", p. 144.

[11] Khalifé-Hachem, "Office maronite", pp. 288-289.

La Eucaristía como perdón de los pecados

En la tradición siriaca y de otras iglesias se concibe la Eucaristía como si ésta perdonara los pecados. Jacobo de Sarug se refiere a la Eucaristía como la "casa del perdón". Su propósito es perdonar los pecados del mundo.[12] Joseph-Marie Sauget ha publicado una homilía siriaca sobre el pecador, atribuida a un obispo Juan, que dice:

> Miren que está escrito que aquella pecadora fue la única que besó los pies de Cristo, mas no está escrito que recibiera su cuerpo. Y si los besos de una pecadora, llenos de fe, cimbraron y vencieron la fortaleza de sus deudas, con mayor razón nosotros, que le abrazamos con amor y le recibimos con fe, deberíamos ser purificados de nuestras faltas y pecados, y con mayor razón nuestras plegarias serán contestadas.[13]

***

En múltiples lugares, las diversas anáforas siriacas declaran que la Eucaristía perdona los pecados. En la *Anáfora de los doce apóstoles* la oración después de la *epíklesis* afirma: "Que estos misterios dadores de vida sean para el indulto de las faltas, el perdón de los pecados, la cura de todo nuestro ser y el fortalecimiento de nuestras conciencias, para que ninguno de tus fieles perezca". La oración de absolución declara: "Haznos merecedores de la participación plena de estos divinos misterios, con pureza y santidad, a fin de que a través de ellos seamos perdonados, así como nos perdonamos unos a otros". La primera oración de acción de gracias pide "que esta divina Comunión sea para el perdón de los pecados".

---

[12] Bou Mansour, "L'Eucharistie chez Jacques de Saroug", *Parole de l'Orient,* núm. 17, 1992, pp. 37-60, en 56-58.

[13] Joseph-Marie Sauget, "Une homélie syriaque sur la pécheresse attribuée à un évêque Jean", *Parole de l'Orient,* núms. 6-7, 1975-1976, p. 175.

La oración de paz de la *Anáfora de Santiago* dice: "Confiados en tu misericordia y no en nuestros méritos, rogamos que el misterio administrado para la salvación de tu pueblo no sea para nuestra condenación, sino para el perdón de nuestros pecados".[14] En la *epíklesis* de la *Anáfora de Juan Crisóstomo*, el celebrante implora al momento de hacer las señales sobre el pan que el Cuerpo de Cristo sea un "cuerpo que nos limpie de todo pecado", y al hacer las señales sobre el cáliz, pide que la sangre de Cristo sea una "sangre que nos limpie de todo pecado". En diversas anáforas siriacas, la oración después de la *epíklesis* suplica "que estos misterios de los que participamos purifiquen nuestras almas y nuestros cuerpos, perdonen nuestros pecados y nos den vida".

Conclusión

La teología de las iglesias siriacas destaca ampliamente el significado y la interrelación entre los sacramentos de iniciación. En el bautismo, la persona se consagra al Espíritu, quedando libre del juicio inminente de Dios, para pasar a formar parte de la compañía de los redimidos a través de la obra salvadora de Cristo. Al revestirnos de Cristo acontecen una iluminación y una deificación del alma, así como un nuevo nacimiento del cuerpo. La crismación constituye la conclusión del bautismo; en ese momento, se unge al candidato con el Espíritu como Cristo fue ungido en las aguas del Jordán. Tanto el bautismo como la crismación conceden una primicia de los beneficios futuros, y constituyen una garantía de la inmortalidad. Sin embargo, el bautismo y la crismación son una preparación para la asamblea eucarística, y confieren al candidato el derecho a recibir la Eucaristía. La Eucaristía es el gran acto colectivo de todo el pueblo. Como alimento que sostiene la nueva vida recibida en el bautismo, la Eucaristía mantiene

---

[14] Véase también Louis Ligier, "Dimension personnelle et dimension communitaire de la pénitence en Orient", *La Maison Dieu,* núm. 90, 1967, pp. 173-175.

al alma en el anticipo de la vida inmortal. Representa el principal instrumento de divinización. Los tres sacramentos inician al candidato en los "misterios" del orden divino. Siendo materia informada por el espíritu, manifiestan y simbolizan, en el espacio y en el tiempo, las realidades divinas de un mundo superior.[15]

---

[15] Beggiani, "Christian Initiation in the Eastern Churches", *Living Light,* núm.11, 1974, p. 546.

XI
Escatología

La escatología especula sobre el cumplimiento del plan divino de salvación. La obra de Cristo estará completa sólo cuando la creación haya sido restaurada a su estado original. Para los individuos cristianos, el enfoque es principalmente sacramental. El bautismo y la Eucaristía son la garantía de este cumplimiento futuro. La imaginería referente al reino venidero es básicamente bíblica. De hecho, si bien la teología siriaca en general manifiesta una gran tensión y anticipación ante el mundo futuro, brinda muy pocos detalles sobre el futuro.

El bautismo y la Eucaristía están repletos de significado escatológico. Restauran la condición del primer paraíso y anticipan nuestro estado futuro. A través del bautismo y de la Eucaristía, los seres humanos se unen a la Iglesia y se orientan hacia la recuperación de su nación de origen. Se convierten en garantía de la salvación, y una primicia de la felicidad que vendrá.[1] Efrén, en el *Comentario al Diatessaron*, explica:

> Hemos comido el cuerpo de Cristo en lugar del fruto del Ár-
> bol del Paraíso, y su altar ha reemplazado para nosotros el Jar-

---

[1] Saber, *Théologie baptismale,* pp. 173-174.

dín del Edén; la maldición ha sido lavada gracias a su sangre inocente, y con la esperanza de la resurrección aguardamos la vida venidera, y ya desde ahora caminamos en esta nueva vida, teniendo ya una garantía de ella.[2]

***

En las completas maronitas de los domingos, se hace referencia a la Iglesia con la siguiente oración: "¡Iglesia bendita, santa y creyente [...], avanza! ¡Come del fuego y el pan! ¡Bebe también del Espíritu en el vino! Pues gracias a este Fuego y a este Espíritu te embelleces para entrar con tu Esposo en la cámara nupcial". A la hora de maitines, el oficio de los domingos entona: "Benditos ustedes que duermen, pues se han marchado en la fe, y se han revestido de la señal de la vida en el agua; benditos, porque el cuerpo y la sangre que han tomado resucitarán sus miembros del polvo".[3] La tercera oración de laudes del domingo de los Fieles Difuntos ruega:

> Oh Dios, cumple tu promesa de vida eterna para los difuntos que fueron revestidos con tu bautismo y que recibieron como garantía tu cuerpo y tu sangre, pues a ellos dijiste: "Quien coma de mi cuerpo y beba de mi sangre, tendrá vida eterna".

La confianza escatológica depositada en la Eucaristía queda resumida en la *Anáfora de san Celestino*, que declara: "Oh Señor, concédenos que la participación de tu Santo Banquete sea una garantía de tu eterna Mesa Celestial, junto a tus santos y a tus elegidos".

---

[2] Brock, "Mary and the Eucharist", p. 54.

[3] Tabet, "L'eschatologie dans l'office commun maronite", *Parole de l'Orient,* núm. 2, 1971, pp. 6-25.

El oficio maronita manifiesta una tensión en el camino hacia el reino celestial, y un "deseo impaciente" de una segunda venida. Aguarda a la comunidad celestial que canta la liturgia eterna del "Cordero de Dios". Entre tanto, la vida humana ha sido transformada con la resurrección de Jesús, que inaugura la resurrección de los muertos.

Como ya se indicó previamente, existe un tema constante en torno a las vestimentas de luz que portaban Adán y Eva y que perdieron por el pecado. Se entiende que el bautismo restaura estas vestiduras. La noción de los vestidos de boda para el reino celestial venidero también tiene su origen en el Evangelio. El oficio maronita refleja este tema escatológico. Un ejemplo se encuentra en la *sedro* de vísperas del domingo de los Fieles Difuntos: "También, Señor Cristo, te pedimos que concedas a todos los que descansan en tu esperanza, a quienes han comido y bebido de tu sangre, que se levanten para encontrarse contigo portando sus lámparas encendidas y ataviados con traje de boda, para que puedan descansar en las moradas celestiales de la Jerusalén en las alturas".

El sueño del alma

Los padres siriacos tempranos ofrecieron algunas descripciones sobre la condición de quienes habían muerto.[4] Una teoría conveniente era afirmar que los muertos entraban en un sueño hasta la llegada del juicio final. Jacobo de Sarug, hablando sobre las vírgenes sensatas y las vírgenes necias, afirma que las vírgenes buenas duermen con el aceite de sus buenas obras hasta el día del Señor. Las vírgenes malvadas duermen sin aceite, y despertarán avergonzadas en el último día.

---

[4] Para un estudio sobre la condición del alma tras la muerte, véase la tesis doctoral de Francis Zayek, *De Psychopannychia in Ecclesia Syriaca*, Pontifical University of the Propogation of the Faith, 1948.

De acuerdo con la postura de Efrén, las almas de los justos residen en mansiones agradables en los límites del paraíso, aguardando la resurrección de sus cuerpos.[5] Ruega que cuando él muera se encuentre en la "parte delantera" del cielo, cerca de su entrada, hasta la resurrección definitiva.[6]

Otra imagen tomada de la tradición semítica y que se encuentra en otras tradiciones religiosas es la idea de que después de la muerte hemos de cruzar un río de fuego. Mientras los justos serán liberados, los malvados arderán en él. Jacobo de Sarug enseña que, al cruzarlo, recibiremos ayuda de los ángeles y de los sacramentos del bautismo y de la Eucaristía, así como de nuestras buenas obras. Jacobo ruega: "Permíteme pasar a través del mar de fuego sobre un bote de agua. Que el bautismo me cubra del fuego ardiente y extienda sus alas sobre el fuego. Que la fuente del agua viviente me acompañe". Respecto a la Eucaristía, Jacobo afirma: "Cuando el aroma de tu cuerpo y de tu sangre misericordiosos, mezclados en mí, toque el fuego, que lo aparte de mis miembros". Y también: "Si el rechinar de dientes se me aproxima, que tu sangre y tu cuerpo, la medicina de la vida, lo aleje".[7]

***

La liturgia maronita cree que la cruz es un puente sobre el mar de fuego. El verso *mazmoro* antes de las lecturas de las Escrituras de la Liturgia de los Difuntos entona: "Que tu cruz sea un puente a través del cual los fieles difuntos que lleven el manto del bautismo, puedan llegar al cielo de la vida eterna".

---

5 Efrén, *"Hymn on Paradise"*, en *Saint Ephrem the Syrian: Hymns on Paradise,* núm. 8, p. 135.

6 Michael Guinan, "Where Are the Dead? Purgatory and Immediate Retribution in James of Sarug", *Orientalia Christiana Analecta,* núm. 197, 1974, pp. 542, 547.

7 *Ibid.,* pp. 543-545.

Llegar a puerto

Para expresar el reino futuro, con frecuencia la tradición siriaca usa el símbolo de "llegar a puerto". Por otro lado, la iglesia siriaca oriental también aplicaba a Cristo el símil "puerto de paz". Este último significado se relaciona con la historia evangélica de Pedro hundiéndose en el mar de Galilea. De hecho, en la tradición litúrgica siriaca, la frase "llegar a puerto" suele extenderse a Cristo, a los santos y a los sacramentos.

En los *Hechos de Tomás* se concibe a Cristo como un puerto para quienes han aceptado el bautismo. Afraates habla sobre el mundo como un barco tripulado por hombres justos hacia el puerto del descanso. Efrén ofrece la imagen de un puerto, así como las metáforas del piloto, el barco y el mar, con un significado escatológico. Jacobo de Sarug recurre a veces a esta imagen cuando habla sobre el final de la vida.[8]

***

El oficio maronita de las mañanas de los viernes declara en su primera oración: "Esperanza de los vivos y puerto seguro, donde todos los que están agotados y tribulados por el oleaje y las desgracias de este mundo encuentran descanso; concédenos que podamos llegar a puerto a salvo, al lugar del descanso eterno, con todos los que te han complacido". En la oración introductoria, los laudes del domingo de los Fieles Difuntos suplican: "Señor, ayúdanos a depositar nuestra esperanza y nuestra confianza en que un día llegaremos al puerto tranquilo, y que estaremos con quienes descansan en la esperanza; y ahí te alabaremos y te glorificaremos".

---

[8] Edward Réne Hambye, "The Symbol of the 'Coming to Harbor'", *Orientalia Chrisiana Analecta,* núm. 197, 1974, pp. 404-405.

La vida futura

San Efrén, en el *Himno sobre el Paraíso*, núm. 5, ofrece una descripción de las características del cuerpo resucitado: "Cien veces más fino y sutil es el cuerpo del justo al levantarse tras la resurrección: recuerda a un pensamiento capaz, de así desearlo, de extenderse y estirarse o, de así quererlo, de contraerse y encogerse. De encogerse, está en un lugar, y de extenderse, está en todo lugar".[9]

En su *Himno sobre el Paraíso*, núm. 9, describe en detalle la visión y la fuente de gozo que los justos experimentarán:

> Torrentes de gozo fluyen a través del Primer Nacido desde el esplendor del Padre sobre la asamblea de los videntes: se regocijan sobre los pastos de las visiones divinas. ¿Quién ha contemplado acaso a los hambrientos quedar satisfechos, avanzando suntuosamente, embriagados por las olas de gloria que brotan de la belleza de esa Belleza sublime?
>
> El Señor de todo es donde se guarda el tesoro de todas las cosas: sobre cada uno, según su capacidad, Él otorga un atisbo de su ocultamiento, del esplendor de su majestad.[10]

Conclusión

La iglesia siriaca tenía una gran fe en la realización de la obra salvadora y en la resurrección de todas las cosas por Cristo en Dios. La clave para el futuro de la Iglesia y sus miembros individuales son los sacramentos, en especial el bautismo y la Eucaristía.

Como el pensamiento siriaco se enfocaba en el día del juicio, era conveniente hablar del sueño de los muertos hasta ese día. Por otro lado, siempre estuvo presente la tradición de un recorrido peligroso que debía hacerse a través del mar de fuego, donde era posible caer,

---

[9] Brock, *Harp, pp.* 23-24.
[10] San Efrén, *Saint Ephrem the Syrian: Hymns on Paradise,* p. 145.

a consecuencia de los propios pecados.[11] Revestidos con el bautismo, con la Eucaristía, medicina de vida, y con la cruz de Cristo como puente, los justos llegarán a puerto a salvo.

---

[11] Guinan, "Where Are the Dead?", pp. 548-549.

XII
Fe

La fe surge en nuestros corazones por la obra redentora de Cristo y por la acción del Espíritu, que culminan en el bautismo. Los escritores siriacos conciben la fe desde diferentes aspectos.

Afraates, tras establecer la enseñanza de que Cristo es la roca de la fe, declara en su *Demostración sobre la fe*, núm. 1, que Cristo la "roca" es el cimiento sobre el que se levanta nuestra fe. Afraates abunda en esta imagen y habla de una estructura que ha de ser construida por la persona de fe:

> Pues primero un hombre cree, y cuando cree, ama. Cuando ama, espera. Cuando espera, queda justificado. Cuando queda justificado, es perfeccionado. Cuando es perfeccionado, es consumado. Y cuando toda su estructura se levanta, y se consuma, y es perfeccionada, entonces se convierte en una casa y en un templo para la morada de Cristo...
> Y cuando la casa se ha convertido en una morada, entonces el hombre comienza a sentirse ansioso por saber qué necesita Aquél que habita en el edificio.[1]

---

[1] Afraates, *Select Demonstrations, Select Library of Nicene and Post-Nicene Fathers*, p. 346.

En el *Himno sobre la fe*, núm. 10, Efrén declara: "Por esta verdad [la fe bautismal], pueden estar unidos a los seres celestiales; a su vez, están unidos con Dios y son formados a su imagen". En su *Himno sobre la Natividad*, núm. 15, antes citado, Efrén habla sobre la relación de fe y de amor en términos de una pintura. Ahí reflexiona sobre la señal hecha sobre la marca del pan por la sangre consagrada durante la liturgia divina: "Tu imagen es representada con la sangre de las uvas sobre el pan, y queda retratada sobre el corazón por el dedo del amor con los pigmentos de la fe".[2] Efrén desarrolla esta idea de la renovación de la imagen de Dios al enseñar que la fe es una segunda alma: así como el cuerpo sólo vive por el alma, así también el alma vive sólo por la fe; si el alma se detiene en negaciones y dudas, se degrada hasta convertirse en cadáver".[3]

Efrén establece una relación de la fe con las personas de la Trinidad a través del bautismo. También asegura al creyente que la Trinidad le servirá como protección y apoyo cuando su fe sea puesta a prueba. En el *Himno sobre la fe*, núm. 13, enseña:

> Presenté mi fe al Padre, y Él la marcó con su paternidad; se la presenté al Hijo, y Él la mezcló con su ser; a su vez, el Espíritu Santo la santificó y la conformó según el misterio que todo lo santifica.
>
> La fe que no queda así marcada (*rushma*) se extravía. Preparémonos en caso de que viniera la aflicción: aunque nuestro espíritu sufriera, aunque nuestra alma fuera separada, aunque nuestro cuerpo fuera consumido por las llamas, ¿qué podría vencernos?
>
> De los tres nombres pende nuestro bautismo; por los tres misterios nuestra fe ha sido victoriosa; nuestro Señor ha confiado tres nombres a sus Doce, y en ellos nos hemos refugiado.[4]

---

[2] San Efrén, *Saint Ephrem the Syrian: Hymns*, p. 150.

[3] Saber, "Théologie baptismale", pp. 56-57.

[4] Citado por Yousif, "St. Ephrem on Symbols", p. 56.

Efrén describe con una bella imagen el don de la fe como si fuera el fruto definitivo de la cruz, del árbol de la vida. En su *Himno sobre la perla*, núm. 4, Efrén explica: "El ladrón quiso poseer la fe, pero la fe le poseyó; y le entronó en el Paraíso. Vive en la cruz, este árbol de la vida, del cual la fe es fruto y, en lugar de Adán, es él quien ahora come de éste".[5]

Para los padres siriacos, la fe es esencialmente un don divino otorgado a través de la redención de Cristo. Mientras la libertad de elección de los seres humanos queda implícita, no se hace un análisis existencial sobre cómo acontece el acto de fe. Como parte del proceso de divinización, la posesión de la fe por parte de los seres humanos es algo que ya estaba previsto desde el momento de la creación. Desde esta perspectiva, la verdad de la fe es la meta del alma humana, aunque supere la capacidad humana.

Conclusión

Podemos concluir este estudio del mismo modo en que comenzó, esto es, reflexionando sobre la paradoja del conocimiento de la fe y el ocultamiento de Dios. Si bien el ámbito de lo Sagrado es distinto en sí mismo y es también radicalmente inaccesible para la razón humana, el Verbo de Dios hace que el Padre sea conocible, y la creación, al haber sido hecha a través del Verbo, es por su propia naturaleza la autorrevelación de Dios. La encarnación representa tanto el cumplimiento de la revelación como la renovación del proceso de divinización. La Iglesia y los sacramentos continúan la obra redentora de Cristo, y en el evento de su propia satisfacción se manifiestan las realidades divinas. Así, la fe bautismal constituye el clímax de lo que significa ser humano en presencia de Dios, y confiere un conocimiento angélico de la realidad que siempre será un misterio.

---

[5] Graffin, "Hymnes sur la perle", p. 133 y ss.

Bibliografía

ALBERT, Micheline, "Mimro de Jacques de Saroug sur la synaogue et l'église", *L'Orient Syrien*, núm.7, 1962, pp. 143-162.

______, "Jacques de Saroug (d. 521) et le magistére", *Parole de l'Orient*, núm. 17, 1992, pp. 61-72.

AFRAATES, *Select Demonstration*, Trad. A. Edward Johnston, en Schaff y Wace, *Select Library of Nicene and PostNicene Fathers*, núm. 13, 1964, pp. 345-412.

ALWAN, Khalil. "L'homme, le 'microcosme' chez Jacques de Saroug (d. 521)", *Parole de l'Orient*, núm. 13, 1986, pp. 51-77.

______, *Parole de l'Orient*. Excerpts ex dissertatione ad Doctoram. Junieh, Lebanon: Impremerie Modern "Kreim", 1988.

______, "Le 'remzo' selon la pensée de Jacques de Saroug (+521)", *Parole de l'Orient*, núm. 15, 1988-1989, pp. 91-106.

AMAR, Joseph P. "Perspectives on the Eucharist in Ephrem the Syrian", *Worship*, núm. 61, 1987, pp. 441-454.

Anaphora Book of the Syriac-Maronite Church of Antioch, Youngstown, Liturgical Commission of the Diocese of St. Maron, 1978.

AYDIN, Zeki, "Jacob of Serugh's *Mimro* on Zakai the Tax Collector: A Literary and Theological Analysis", *Parole de l'Orient*, núm. 35, 2010, pp. 77-94.

BECK, Edmund. "Le baptême chez saint Ephrem", *L'Orient Syrien*, núm. 1, 1956, pp. 111-136.

______, "Symbolum-Mysteriem bei Aphrahat und Ephrem", *Oriens Christianus*, núm. 42, 1958, pp. 19-40.

BEGGIANI, Seely. "Christian Initiation in the Eastern Churches", *Living Light* 11 (1974): 536–47.

______, "The Typological Approach of Syriac Sacramental Theology", *Theological Studies*, núm. 64, 2003, pp. 543-557.

Book of Offering: According to the Rite of the Antiochene Syriac Maronite Church, Brooklyn, Eparchy of St. Maron of Brooklyn, 2012.

BOTHA, Phil, "The Paradox between Appearance and Truth in Ephrem the Syrian's Hymn de Crucifixione IV", *Acta Patristica et Byzantina*, núm 13, 2002, pp. 34-49.

BOTTE, Bernard. "Le baptême dans l'église syrienne", *L'Orient Syrien*, núm. 1, 1956, pp. 137-155.

______,"La formule d'ordination 'La grace divine' dans les rites orientaux", *L'Orient Syrien*, núm. 2, 1957, pp. 285-296.

______, "PostBaptismal Anointing in the Ancient Patriarchate of Antioch", En Vellian, *Studies on Syrian Baptismal Rites*, 1973, pp. 63-71.

BOU MANSOUR, Tanios, "La liberté chez s. Ephrem le Syrien", *Parole de l'Orient*, núm. 11, 1983, pp. 89-156; núm. 12, 1984-1985, pp. 3-89.

______, "Étude de la terminologie symbolique chez Éphrem", *Parole de l'Orient*, núm. 14, 1987, núms. 221-262.

______, "Analyse de quelques termes christologiques chez Éphrem", *Parole de l'Orient*, núm. 15, 1988-1989, pp. 3-19.

______, "L'Eucharistie chez Jacques de Saroug", *Parole de l'Orient*, núm. 17, 1992, pp. 37-60.

______, *La théologie de Jacques de Saroug*, Vol. 1, Création, anthropologie, ecclésiologie et sacraments, Kaslik, Líbano, Université de Saint Ésprit, 1993; Vol. 2, Christologie, trinité, chatologie: Méthode exégetique et théologique, 2a. ed., Kaslik, Líbano, Université de Saint Ésprit, 2000.

______, Die Christologie der Jakob von Sarug, en *Jesus der Christus im Glauben der Kirche*, de Alois Grillmeier, Theresia Hainthaler (eds.), Vol. 2, parte 3, Friburgo, 2002, pp. 449-499.

BOUTROS, Gemayel (ed.), *The Prayer of the Faithful according to the Liturgical Year* [*Prière du croyant selon l'année liturgique maronite*], 3 Vols., Brooklyn, Diocese of St. Maron, 1985.

BREYDY, Michel, "Précisions liturgiques syro-maronites sur le sacerdoce", *Oriens Christianus*, núm. 48, 1964, pp. 57-77.

BROCK, Sebastian P., "The Epiklesis in the Antiochene Baptismal Ordines", *Orientalia Christiana Analecta*, núm. 197, 1972, pp. 183-215.

Brock, Sebastian P., "A Short Melkite Baptismal Service in Syriac", *Parole de l'Orient*, núm. 3, 1972, pp. 119-130.

________, "Consignation in the West Syrian Baptismal Rite", en Vellian, *Studies on Syrian Baptismal Rites*, 1973, pp. 100-118.

________, "A New Syrian Baptismal Ordo Attributed to Timothy of Alexandria", en Vellian, *Studies on Syrian Baptismal Rites*, 1973, pp. 72-84.

________, "Word and Sacrament in the Writings of the Syrian Fathers", *Sobornost* 6, núm. 10, 1974, 685-696.

________, "St. Ephrem on Christ as Light in Mary and in the Jordan: Hymni De Ecclesia 36", *Eastern Churches Review*, núm. 7. 1975, pp. 137-144.

________, "The Poetic Artistry of St. Ephrem: An Analysis of H. Azym III", *Parole de l'Orient*, núms. 6-7, 1975-1976, pp. 21-28.

________, "Ephrem's Letter to Publius", *Le Museon*, núm. 89, 1976, pp. 216-305.

________, "Greek into Syriac and Syriac into Greek", *Journal of the Syriac Academy*, núm. 3, 1977, pp. 117.

________, "The Poet as Theologian", *Sobornost* 7, núm. 4, 1977, pp. 243-250.

________, "Baptismal Themes in the Writings of Jacob of Serugh", *Orientalia Christiana Analecta*, núm. 205, 1978, pp. 325-347.

________, "Marie dans la tradition syriaque", *Lettre de Ligugé*, núm. 189, 1978, pp. 5-15.

________, "The Mysteries Hidden in the Side of Christ", *Sobornost* 7, núm. 6, 1978, pp. 462-472.

________, "The Syriac Baptismal Ordines, with Special Reference to the Anointings", *Studia Liturgica*, 13, 1978, pp. 177-183.

________, "Jacob of Edessa's Discourse on the Myron", *Oriens Christianus*, núm. 63, 1979, pp. 20-36.

________, "Mary and the Eucharist: An Oriental Perspective", *Sobornost* 1, núm. 2, 1979, pp. 50-59.

________, "The Syrian Baptismal Rites", *Concilium*, núm. 122, 1979, pp. 98-104.

________, "Jacob of Serugh on the Veil of Moses", *Sobornost* 3, 1981, pp. 70-85.

________, "The Transition to a PostBaptismal Anointing in the Antiochene Rite", en *The Sacrifice of Praise*, Brian D. Spinks (ed), *Ephemerides Liturgicae Subsidia*, Roma, Editione Liturgiche, 1981, pp. 215-225.

________, *The Harp of the Spirit*, Londres, Fellowship of St. Alban and St. Sergius, 1983.

________, "A Hymn of St. Ephrem on the Eucharist [H. Fid. 10]", *Harp*, núm. 1, 1987, pp. 61-68.

BROCK, Sebastian P., "An Acrostic Poem on the Soul by Jacob of Serugh", *Sobornost/Eastern Churches Review*, núm. 23, 2001, pp. 40-44.

BROWN, Raymond, "Mystery (in the Bible)", *New Catholic Encyclopedia*, Washington, D.C., The Catholic University of America Press, 1967, Vol. 10, pp. 148-150.

______, *The Semitic Background of "Mystery" in the New Testament*, Filadelfia, Fortress, 1968.

BURKITT, Francis Crawford, *Early Eastern Christianity*, Londres, 1904.

CAMELOT, Pierre-Thomas, "Lumière, étude patristique, II", *Dictionnaire de Spiritualité*, Vol. 9, cols. 1150-1158, París, Editions Beauchesne, 1976.

CASSINGENA, François, *Hymnes sur l'Épiphanie: Hymnes baptismales de l'Orient syrien. Spiritualité Orientale*, núm. 70, Bégrolles-en-Mauges, Abbaye de Bellefontaine, 1997.

CEREBELAUD, Dominique, "La dialectique caché et du manifesté dans la théologie d'Ephrem le syrien", *Patrologie Syriaque*, Coloquio VII, Antelias, 2001, pp. 119-129.

______, "Éphrem le syrien: Le Christ en ses symbols; Hymnes de virginitate", *Spiritualité Orientale*, núm. 86, Bégrolles-en-Mauges, 2006.

CHESNUT, Roberta, *Three Monophysite Christologies: Severus of Antioch, Philoxenus of Mabbug, and Jacob of Sarug*, Londres, Oxford University Press, 1976.

CONNOLLY, Richard Hugh, *The Liturgical Homilies of Narsai*, Cambridge, Cambridge University Press, 1970.

DALMAIS, Irenée-Henri, "L'héritage antiochien de l'église maronite", *Melto*, núm. 3, 1967, pp. 61-70.

______, "Source baptismale et mystére pascal d'après les homélies de sévère d'Antioche sur 'la preparation quadragesimale de l'entrée au baptistere'", *Parole de l'Orient*, núms. 6-7, 1975-1976, pp. 349-356.

______, "*Raza* et sacrament", en *Rituels: Mélanges offerts á Pierre Marie Gy*, Paul De Clerck y Eric Palazzo (eds.), París, Cerf, 1990, pp. 173-182.

DE HALLEUX, André, "Mar Ephrem théologien", *Parole de l'Orient*, núm. 4, 1973, pp. 35-54.

DESREUMAUX, Alain, "Une homélie syriaque anonyme sur la nativité", *Parole de l'Orient*, núms. 6-7, 1975-1976, pp. 195-212.

De Vries, William, "La conception de l'église chez les syriens sépares de Rome (Les syriens du patriarcat d'Antioche)", *L'Orient Syrien*, núm. 2, 1957, pp. 111-124.

______, "La conception de l'église chez les syriens sépares de Rome (Les syriens du catholicosat de Seleucie-Ctesiphon)", *L'Orient Syrien*, núm. 3, 1958, pp. 149-164.

______, "Théologie des sacraments chez les syriens monophysites", *L'Orient Syrien*, núm. 8, 1963, pp. 261-288.

Duncan, Edward, *Baptism in the Demonstrations of Aphraates the Persian Sage*, Washington, D.C., The Catholic University of America Press, 1945.

El-Khoury, Nabil, "Gen. 1:26 –Dans l'interprétation de saint Ephrem, ou la relation de l'homme á Dieu", *Orientalia Christiana Analecta*, núm. 205, 1978, pp. 199-205.

Féghali, Paul, "Les premiers jours de la creation: Commentaire de Gen. 1:1-2.4 par saint Éphrem", *Parole de l'Orient*, núm. 13, 1986, pp. 3-30.

______, *Les origines du monde et de l'homme dans l'oeuvre de saint Éphrem*, París, Cariscript, 1997.

Fenqitho: A Treasury of Feasts according to the Syriac-Maronite Church of Antioch, EUA, Diocese of St. Maron, 1980.

Finn, Thomas M., *The Liturgy of Baptism in the Baptismal Instructions of St. John Chrysostom*, Washington, D.C., The Catholic University of America Press, 1967.

______, *Early Christian Baptism and the Catechumenate: West and East Syria*, Collegeville, Minn., Liturgical Press, 1992.

Fitzmyer, Joseph. "Pauline Theology", en *The New Jerome Biblical Commentary*, Raymond Brown, Joseph Fitzmyer y Roland Murphy (eds.), Englewood Cliffs, Prentice-Hall, 1990.

Fox, Douglas J., *The "Matthew-Luke Commentary" of Philoxenus*, Missoula, Scholars' Press, 1979.

Gavin, F., "The Sleep of the Soul in the Early Syriac Church", *Journal of the American Oriental Society*, núm. 40, 1920, pp. 103-120.

Gelineau, J., "Données liturgiques contenues dans les sept madrosé 'de la nuit' de saint Ephrem", *L'Orient Syrien*, núm. 5, 1960, pp. 107-121.

Gemayel, Pierre, *Prière du croyant selon l'année liturgique maronite*, 3 Vols., Beruit, 1968.

Gignoux, Philippe, "Homélie de Narsai sur la création d'Adam et d'Eve et sur la transgression de commandement", *L'Orient Syrien*, núm. 7, 1962, pp. 307-336.

GIGNOUX, Philippe, "Homélie de Narsai sur la création du monde", *L'Orient Syrien*, núm. 7, 1962, pp. 477-506.

_______, "Homélie de Narsai sur le mot 'au commencement' et sur l'essence divine", *L'Orient Syrien*, núm. 8, 1963, pp. 227-250.

_______, "Les doctrines eschatologiques de Narsai", *L'Orient Syrien*, núm. 11, 1966, pp. 321-353; 461-488; núm. 12, 1967, pp. 23-54.

GOGAN, Brian, "Penance Rites of the West Syrian Liturgy: Some Liturgical and Theological Implications", *Irish Theological Quarterly*, núm. 42, 1975, pp. 182-196.

GRAFFIN, François, "Recherches sur le thème de l'église-épouse: dans les liturgies et la literature patristique de langue syriaque", *L'Orient Syrien*, núm. 3, 1958, pp. 317-336.

_______, "La catéchèse de Sévère d'Antioche", *L'Orient Syrien*, núm. 5, 1960, pp. 47-54.

_______, "Hymnes inédites de saint Ephrem sur la virginité", *L'Orient Syrien*, núm. 6, 1961, pp. 213-242.

_______, "Les hymnes sur la perle de saint Ephrem", *L'Orient Syrien*, núm. 12, 1967, núm. 129-149.

_______, "Le thème de la perle chez Jacques de Saroug", *L'Orient Syrien*, núm. 12, 1967, pp. 355-370.

_______, "Explication des sens mystiques des membres du corps du Christ", *Parole de 1'Orient*, núm. 1, 1970, pp. 255-280.

_______, "L'eucharistie chez saint Ephrem", *Parole de 1'Orient*, núm. 4, 1973, pp. 93-121.

GRIBOMONT, Jean, "Les hymnes de saint Ephrem sur la pâques", *Melto*, núm. 3, 1967, pp. 147-182.

_______, "Le triomphe de pâques d'après s. Ephrem", *Parole de 1'Orient*, núm. 4, 1973, pp. 147-189.

GRIFFITH, Sidney H., "'Faith Seeking Understanding' in the Thought of St. Ephraem the Syrian", en *Faith Seeking Understanding: Learning and the Catholic Tradition*, George C. Berthold (ed.), Manchester, St. Anselm College Press, 1991, pp.33-55.

_______, "Spirit in the Bread, Fire in the Wine: The Eucharist as 'Live Medicine' in the Thought of Ephrem the Syrian, *Modern Theology*, núm. 15, 1999, pp. 225-246.

_______, "The Thorn among the Tares: Mani and Manicheism in the Works of St. Ephraem the Syrian", *Studia Patristica*, núm. 35, 2001, pp. 395-427.

GRIFFITH, Sidney H., "Christianity in Edessa and the Syriac-speaking World: Mani, Bar Daysan and Ephrem; The Struggle for Allegiance on the Aramean Frontier", *Journal of the Canadian Society of Syriac Studies*, núm. 2, 2002, pp. 5-20.

GRIFFITH, Sidney H., "St. Ephraem the Syrian, a Spiritual Teacher for Today", *Harp*, núm. 16, 2003, pp. 171-194.

GUINAN, Michael, *The Eschatology of James of Sarug*, Washington, D.C., The Catholic University of America Press, 1971.

______, "Where Are the Dead? Purgatory and Immediate Retribution in James of Sarug", *Orientalia Christiana Analecta*, núm. 197, 1974, pp. 541-550.

HAMBYE, Edward Réne, "The Symbol of the 'Coming to Harbour'", *Orientalia Christiana Analecta*, núm. 197, 1974, pp. 401-411.

HARB, Paul, "La conception pneumatologique chez Philoxene de Mabboug", *Melto*, 5, 1969, pp. 5-15.

______, "Le role exerce par Philoxene de Mabboug sur l'evolution de la morale dans l'église syrienne", *Parole de l'Orient*, núm. 1, 1970, pp. 27-48.

HASTINGS, Adrian, "The Sacramentality of the Church", *Eastern Churches Quarterly*, núm. 16, 1964, pp. 219-225.

HORN, Cornelia B., "Fire and Holy Spirit in the Bread and in the Cup: Lessons from Ephraem the Syrian on the Eucharist", en *Orientale Lumen: Australasia and Oceana Proceedings*, L. Cross y E. Morgan (eds.), Fairfax, Virginia, julio de 2000, pp. 129-156.

HURST, T. R., "The Transitus of Mary in a Homily of Jacob of Serugh", *Marianum*, núm. 52, 1990, pp. 86-100.

JACOBO DE SARUG, *Les Lettres de Jacques de Saroug*, Trad. Micheline Albert, Kaslik, Líbano, 2004 (Patrimoine Syriaque, 3).

JANSMA, Taeke, "Une homélie anonyme sur l'effusion du Esprit", *L'Orient Syrien*, núm. 6, 1961, pp. 157-178.

______, "Encore le credo de Jacques de Saroug: Nouvelles recherches sur l'argument historique concernant son orthodoxie", *L'Orient Syrien*, núm. 10, 1965, pp. 75-88; 193-236; 331-370; 475-510.

______, "Études sur la pensée de Narsai", *L'Orient Syrien*, núm. 11, 1966, pp. 147-168; 265-290; 393-430.

______, "Narsai and Ephraem: Some Observations on Narsai's Homilies on Creation and Ephraem's Hymns on Faith", *Parole de l'Orient*, núm. 1, 1970, pp. 49-68.

JANSMA, Taeke, "Ephraem on Exodus II:5: Reflections on the Interplay of Free Will and Divine Providence", *Orientalia Christiana Periodica*, núm. 39, 1973, pp. 5-28.

______, "Aphraates' Demonstration VII Nos. 18 and 20: Some Observations on the Discourse on Penance", *Parole de l'Orient*, núm. 5, 1974, pp. 21-48.

JONES, Simon, "The Womb and the Spirit in the Baptismal Writings of Ephrem the Syrian", *Studia Liturgica*, núm 33, 2003, pp. 175-193.

KADAVIL, M., "World as Sacarament: Ethical and Liturgical Responses to Creation in St. Ephrem", *Questions Liturgiques*, núm. 84, 2003, pp. 175-193.

KHALIFÉ-HACHEM, Elie, "Homélie metrique de Jacques de Saroug sur l'amour", *Parole de 1'Orient*, núm. 1, 1970, pp. 281-299.

______, "Office maronite du grand dimanche de la résurrection: Texte du Ramso et commentaire", *Parole de l'Orient*, núms. 6-7, 1975-1976, pp. 281-308.

KHOURI-SARKIS, Gabriel, "Introduction aux églises de langue syriaque", *L'Orient Syrien*, núm.1, 1956, pp. 3-35.

______, "Prières et ceremonies du baptême, selon le rituel de l'église syrienne d'Antioche", *L'Orient Syrien*, núm. 1, 1956, pp. 156-184.

______, "Le sommeil des âmes", *L'Orient Syrien*, núm. 3, 1958, pp. 489-494.

KLIJN, Albertus Frederik Johannes, "Baptism in the Acts of Thomas", en Vellian, *Studies on Syrian Baptismal Rites*, 1973, pp. 57-62.

KOFSKY, Arieh y Serge Ruzer, "Justice, Free Will and Divine Mercy in Ephrem's Commentary on Genesis 2-3", *Le Museon*, núm. 113, 2000, pp. 315-332.

KOLLAMPARAMPIL, Thomas, *Salvation in Christ according to Jacob of Serugh: An Exegetico-Theological Study of the Homilies of Jacob of Saroug on the Feasts of our Lord*, Bangalore, Dharmaram, 2001.

KONAT, Johns Abraham, "Christological Insights in Jacob of Serugh's Typology as Reflected in His Memre", *Ephemerides Theologicae Lovanienses*, núm. 77, 2001, pp. 46-72.

______, "Typological Exegesis in the Metrical Homilies of Jacob of Serugh", *Parole de l'Orient*, núm. 31, 2006, pp. 109-122.

KOONAMMAKKAL, Thomas. "The Self-Revealing God and Man in Ephrem", *Harp*, núm. 6, 1993, pp. 233-248.

______, "Ephrem's Idea of Revelation as Divine Pedagogy", *Harp*, núm. 16, 2003, pp. 355-364.

KOONAMMAKKAL, Thomas. "Divine Love and Revelation in Ephrem", *Harp*, núm. 17, 2004, pp. 33-44.

KRONHOLM, Tryggve, *Motifs from Genesis 1–11 in the Genuine Hymns of Ephrem the Syrian*, Upsala, Almqvist and Wiksell, 1978.

KRUGER, Paul, "Le sommeil des âmes dans l'oeuvre de Narsai", *L'Orient Syrien*, núm. 4, 1959, pp. 193-210.

LAMY, Thomas Joseph, *Sancti Ephraem Syri: Hymni et Sermones*, 4 Vols., Malines, 1882-1902.

LANGE, C., "The Descent of Mary and the Syriac Commentary on the Diatessaron", *Harp*, núm.15, 2002, pp. 107-116.

________, *The Portrayal of Christ in the Syriac Commentary on the Diatessaron*, Lovaina, Corpus 2005 (Scriptorum Christianorm Orientalium 616, Subsidia, 118).

LAVENANT, René, "Trois hymnes de saint Ephrem sur le paradis", *L'Orient Syrien*, núm. 5, 1960, pp. 33-46.

Lectionary: Syriac-Maronite Church: The Seasons, Detroit, Diocese of St. Maron, 1976.

LÉCUYER, Joseph, "La théologie de l'anaphore selon les pères de l'école d'Antioche", *L'Orient Syrien*, núm. 6, 1961, pp. 385-412.

LELOIR, Louis, *Doctrines et Méthodes de S. Ephrem d'après son Commentaire de l'Évangile Concordant. Originale Syriaque et Version Armenienne*, Corpus Scriptorum Christianorm Orientalium 220, Subsidia 18, Lovaina, 1961.

________, "Symbolisme et parallelisme chez Ephrem", en *À la rencontre de Dieu, memorial Albert Gelin*, pp. 363-374. Lyon, Editions Xavier Mappus, 1961.

LE ROY, Jules, *Les manuscripts syriaques à peintures, conserves dans les bibliotheques d'Europe et d'Orient*, 2 Vols., París, 1964.

LIGIER, Louis, "Pénitence et Eucharistie en Orient", *Orientalia Christiana Periodica*, núm. 29, 1963, pp. 5-77.

________, "Dimension personnelle et dimension communitaire de la pénitence en Orient", *La Maison Dieu*, núm. 90, 1967, pp. 155-187.

________, "Le sacrement de pénitence selon la tradition orientale", *Nouvelle Revue Théologique*, núm. 89, 1967, pp. 940-977.

MACOMBER, William F., "The Theological Synthesis of Cyrus of Edessa, an East Syrian Theologian of the Mid Sixth Century", *Orientalia Christiana Periodica*, núm 30, 1964, pp. 5-38; 363-384.

________, "A Theory on the Origins of the Syrian, Maronite, and Chaldean Rites", *Orientalia Christiana Periodica*, núm. 39, 1973, pp. 235-242.

MACOMBER, William F., "An Anaphora Prayer Composed by Theodore of Mopsuestia", *Parole de l'Orient*, núms. 6-7, 1975-1976, pp. 341-348.

———, "A History of the Chaldean Mass", *Worship*, núm. 51, 1977, pp. 107-120.

MATEOS, Juan, "Prières syriennes d'absolution du VII-IX siècles", *Orientalia Christiana Periodica*, núm. 34, 1968, pp. 252-280.

MCCARTHY, Carmel (trad.), *Saint Ephrem's Commentary on the Diatessaron*, Oxford, Oxford University Press, 1993.

MCLEOD, Frederick, "Man as the Image of God: Its Meaning and Theological Significance in Narsai", *Theological Studies*, núm. 42, 1981, pp. 458-467.

MCVEY, Kathleen E., "Ephrem the Syrian", en *The Early Christian World*, Philip F. Eisler (ed.), núm. 2, Londres, 2000, pp. 1228-1250.

———, "Ephrem the Syrian's Theology of Divine Indwelling and Aelia Pulcheria Augusta", *Studia Patristica*, núm. 35, 2001, pp. 458-465.

———, "Ephrem the Syrian: A Theologian of the Presence of God", en (Steven T. Kimbrough), *Orthodox and Weslyan Spirituality*, Crestwood, Nueva Jersey, St. Vladimir's Seminary Press, 2002, pp. 241-264.

MINGANA, Alphonse (ed.), *Commentary of Theodore of Mopsuestia on the Sacraments of Baptism and the Eucharist*, Cambridge, W. Heffer and Sons, 1933 (Woodbrooke Studies, 6).

———, *Early Christian Mystics*, Woodbrooke Studies 7, Cambridge, W. Heffer and Sons, 1934.

MITCHELL, Leonel, "Four Fathers on Baptism: St. John Chrysostom, St. Ephraem, Theodore of Mopsuestia", en Vellian, *Studies on Syrian Baptismal Rites*, 1973, pp. 37-56.

MOUHANNA, Augustin, "Le rite du pardon dans l'église maronite", *Parole de l'Orient*, núms. 6-7, 1975-1976, pp. 309-324.

———, "Consecration de l'eau dans la liturgie baptismale maronite", *Parole de l'Orient*, núm. 8, 1977-1778, pp. 217-233.

———, *Les rites de l'initiation dans l'église maronite*, Roma, Pontificium Institutum Orientalium Studiorum, 1978.

MURRAY ROBERT, "St. Ephrem the Syrian on Church Unity", *Eastern Churches Quarterly*, núm. 15, 1963, pp. 164-176.

———, "The Rock and the House on the Rock", *Orientalia Christiana Periodica*, núm. 30, 1964, pp. 315-362.

———, "Recent Studies in Early Subolic Theology", *Heythrop Journal*, núm. 6, 1965, pp. 412-433.

MURRAY ROBERT, "A Hymn of St. Ephrem to Christ on the Incarnation, the Holy Spirit, and the Sacraments", *Eastern Churches Review*, núm. 3, 1970-1971, pp. 142-150.

______, "Mary, the Second Eve in the Early Syriac Fathers", *Eastern Churches Review*, núm. 3, 1970-1971, pp. 372-384.

______, *Symbols of Church and Kingdom*, Londres, Cambridge University Press, 1975; Londres, T. and T. Clark International, 2006.

______, "The Theory of Symbolism in St. Ephrem's Theology", *Parole de l'Orient*, núms. 6-7, 1975-1976, pp. 1-20.

______, "A Hymn of St. Ephrem to Christ", *Sobornost*, 11, núm. 1, 1979, pp. 39-50.

______, "Ephrem of Syria. A Marriage for All Eternity: The Consecration of a Syrian Bride to Christ", *Sobornost/Eastern Churches Review*, núm.11, 1989, pp. 65-69.

______, "The Ephremic Tradition and the Theology of the Environment", *Hugoye* 2, núm. 1, 1999.

______, "The Paradox of God's Hiddenness and Accessibility in St. Ephrem", *New Blackfriars*, 996, núm. 85, 2004, pp. 158-162.

Mysteries of Initiation–Baptism, Confirmation, Communion: According to the Maronite Antiochene Church, Brooklyn, Diocese of St. Maron, 1987.

The Mystery of Crowning: According to the Maronite Antiochene Church, Brooklyn, Diocese of St. Maron, 1991.

NADUVILEZHAM, Joseph, "Paschal Lamb in Ephrem of Nisibis", *Harp*, núm. 5, 1992, pp. 53-66.

______, *The Theology of the Paschal Lamb in Ephrem of Nisibis*, Kottayam, India, Oriental Institute of Religious Studies, 2000.

NOUJAIM, Guy. "Essai sur quelques aspects de la philosophie d'Ephrem de Nisibe", *Parole de l'Orient*, núm. 9, 1979-1980, pp. 7-50.

OBEID, Joseph, "Deuxième épitre de Jacques de Saroug sur la foi", *Parole de l'Orient*, núm. 12, 1984-1985, pp. 187-199.

______, "L'onction baptismale dans HdE de saint Éphrem: Traduction et analyse", *Parole de l'Orient*, núm. 17, 1992, pp. 7-36.

ORTIZ DE URBINA, Ignacio, "Le paradis eschatologiques d'après saint Ephrem", *Orientalia Christiana Periodica*, núm. 21, 1955, pp. 67-72.

OUTTIER, Bernard. "Contribution a l'étude de la prehistoire des collections d'hymns d'Ephrem." *Parole de l'Orient*, núms. 6-7, 1975-1976, pp. 49-61.

PHILLIPS, Jack, "St. Ephrem's Tree: A Liturgical Ecology", *Diakonia*, núm. 24, 2001, pp. 213-216.

PINNOCK, Jill, *Fire and Spirit in the Womb: Mary in the Poetry of St. Ephrem*, Surrey, Reino Unido, Ecumenical Society of the Blessed Virgin, 2003.

Qurbono: The Book of Offering, Brooklyn, St. Maron, 1994.

RAES, Alphonse, "Le consentement matrimonial dans les rites orientaux", *Ephemeriedes Liturgicae*, núm. 47, 1933, pp. 34-47, 126-140, 249-259, 431-445; núm. 48, 1934, pp. 80-94, 310-318.

______, "Où se trouve la confirmation dans le rite syro–oriental?", *L'Orient Syrien*, núm. 1, 1956, pp. 239-254.

______, *Le mariage, sa célébration et sa spiritualité dans les églises d'Orient*, Chevetogne, Bélgica, Editions de Chevetogne, 1959.

______, "Une rite penitentiel avant la communion dans les liturgies syriennes", *L'Orient Syrien*, núm. 10, 1965, pp. 107-122.

RATCLIFF, Edward Craddock, "The Old Syrian Baptismal Tradition and Its Resettlement under the Influence of Jerusalem in the Fourth Century", en Vellian, *Studies on Syrian Baptismal Rites*, 1973, pp. 85-99.

REINE, Francis, The Eucharistic Doctrine and Liturgy of the Mystagogical Catecheses of Theodore of Mopsuestia, Washington, D.C., The Catholic University of America Press, 1942.

RUSSELL, Paul S., "St. Ephrem, the Syrian Theologian", *Pro Ecclesia* 7, núm. 1, 1998, pp. 79-90.

______, "A First Look at the Christology of Ephraem the Syrian", en René Lavenant (ed.), Symposium Syriacum VII, *Orientalia Christiana Analecta* 256, Roma, Pontificio Instituto Orientale, 1998, pp. 107-115.

______, "The Son as Revealer of the Father in Ephraem the Syrian's Sermon 1 De Fide", *Harp*, núm. 13, 2000, pp. 135-139.

______, "Ephraem and Athanasius on the Knowledge of Christ", *Gregorianum*, núm. 85, 2004, pp. 445-474.

SABER, Georges, "La typologie sacramentaire et baptismale de saint Ephrem", *Parole de l'Orient*, núm. 4, 1973, pp. 73-91.

______, *La théologie baptismale de saint Ephrem*, Kaslik, Líbano, Université de Saint Esprit, 1974.

SAN CIRILO DE JERUSALÉN, *Lectures on the Christian Sacraments*, Trad. F. L. Cross, Londres, SPCK, 1951.

SAN EFRÉN, "The Nisibene Hymns", Trad. J. T. Sarsfield Stopford, en Schaff y Wace, *Select Library of Nicene and PostNicene Fathers*, núm. 13, 1964, pp. 167-219.

______, "The Pearl: Seven Hymns on the Faith", Trad. J. B. Morris, en Schaff y Wace, *Select Library of Nicene and PostNicene Fathers*, núm. 13, 1964, pp. 293-301.

SAN EFRÉN, "Three Homilies", Trad. A. Edward Johnston, en Schaff y Wace, *Select Library of Nicene and PostNicene Fathers*, núm. 13, 1964, pp. 305-341.

______, *Ephrem the Syrian: Hymns*, Trad. e introducción de Kathleen E. McVey, Nueva York, Paulist Press, 1989.

______, *St. Ephrem the Syrian: Hymns on Paradise*, Trad. e introducción de Sebastian Brock, Crestwood, Nueva York, St. Vladimir's Seminary Press, 1990.

______, *St. Ephrem the Syrian: Selected Prose Works*, Trad. Edward G. Mathews y Joseph P. Amar, Washington, D.C., The Catholic University of America Press, 1994.

______, *Ephrem the Syrian: Select Poems*, Trad., introducción y notas de Sebastian P. Brock y George Kiraz. Provo, Utah, Brigham Young University Press, 2006.

SAN JUAN CRISÓSTOMO, *Baptismal Instructions*, Trad. Paul W. Harkins, Londres, Longmans, Green, 1963.

SAUGET, Joseph-Marie, "Le mariage dans le rite syrien occidental", *L'Orient Syrien*, núm. 2, 1957, pp. 3-14.

______, "Prières et cérémonies du mariage syrien occidental", *L'Orient Syrien*, núm. 2, 1957, pp. 15-37.

______, "Une homélie syriaque sur la pécheresse attribuée à un évêque Jean", *Parole de l'Orient*, núms. 6-7, 1975-1976, pp. 159-194.

SCHAFF, Philip y Henry Wace, *A Select Library of Nicene and PostNicene Fathers of the Christian Church*, Vol. 13, Gregory the Great, Ephraim Syrus, Aphraat, 2a. serie, Grand Rapids, Michigan, Eerdmans, 1964.

SED, Nicolas, "Les hymnes sur le paradis de saint Ephrem juives", *Le Museon*, núm. 81, 1968, pp. 455-501.

SLIM. J., "Hymne I de saint Ephrem sur la resurrection", *L'Orient Syrien*, núm. 12, 1967, pp. 505-514.

SOLIGNAC, Aimé, "Mystère", *Dictionnaire de Spiritualité*, Vol. 10, cols. 1861-1874, París, Editions Beauchesne, 1980.

SONY, Behnam M. Boulos, "L'Anthropologie de Jacques de Saroug", *Parole de l'Orient*, núm. 12, 1984-1985, pp. 153-185.

TABET, Jean, "L'eschatologie dans l'office commun maronite", *Parole de l'Orient*, núm. 2, 1971, pp. 5-29.

______, *L'office commun maronite: Étude du Lilyo et du Safro*, Kaslik, Líbano, Université de Saint-Esprit, 1972.

______, "Le Beth-Gazo maronite (1263 a.d.), l'add. 14.701", *Parole de l'Orient*, núm. 26, 2001, pp. 267-302.

TABET, Jean, "Chants pour la mère de Dieu dans l'add. 14.703 (XII-XIII s.) Beth Gazo Maronite", *Parole de l'Orient*, núm. 29, 2004, pp. 123-145.

TAFT, Robert, "The Continuity of Tradition in a World of Liturgical Change: The Eastern Liturgical Experience", *Seminarium*, núm. 27, 1975, pp. 445-459.

TANGHE, Antoine. "L'eucharistie pour la rémission des péches", *Irenikon*, núm. 34, 1961, pp. 165-81.

______, "Memra de philoxene de Mabboug sur l'inhabitation du saint Esprit", *Le Museon*, núm. 83, 1970, pp. 209-236.

TEIXIDOR, Javier, "Le théme de la descente aux enfers chez saint Ephrem", *L'Orient Syrien*, núm. 6, 1961, pp. 25-40.

TERZOLI, Riccardo, "Âme et esprit chez Aphraate", *Parole de l'Orient*, núm. 3, 1972, pp. 105-118.

TONNEAU, Raymond, "Le rite primitif du baptéme", *L'Orient Syrien*, núm. 1, 1956, pp. 333-344.

VAN OVERSTRAETEN, Jeanne-Ghislaine, "Le rite de l'onction des epoux dans la liturgie copte du mariage", *Parole de l'Orient*, núm. 5, 1974 , pp. 49-93.

______, "Les liturgies nuptiales des églises de langue syriaque et le mystère de l'église-épouse", *Parole de l'Orient*, núm. 8, 1977-1978, pp. 235-310.

VAN VOSSEL, Vincent, "Le terme et la notion de 'sceau' dans le rituel baptismal des syriens orientaux", *L'Orient Syrien*, núm. 10, 1965, pp. 237-260.

VELLIAN, Jacob (ed.), *Studies on Syrian Baptismal Rites*, Kottayam, India, CMS Press, 1973.

VERGHESE, Paul, "The Relation between Baptism, 'Confirmation', and the Eucharist in the Syrian Orthodox Church", *Studia Liturgica*, núm. 4, 1965, pp. 81-93.

VOOBUS, Arthur, "The Institution of the Benai Qeiama and Benat Qeiama in the Ancient Syrian Church", *Church History*, núm. 30, 1961, pp. 19-27.

WAINWRIGHT, Geoffrey, "The Baptismal Eucharist before Nicaea", *Studia Liturgica*, núm. 4, 1965, pp. 9-36.

______, *Christian Initiation*, Richmond, Virginia, John Knox Press, 1969.

WINKLER, Gabriele, "The Original Meaning of the Prebaptismal Anointing and Its Implications", *Worship*, núm. 52, 1978, pp. 24-45.

YOUNG, Robin Darling. "The 'Church of the Nations' in the Exegesis of Ephrem", *Orientalia Christiana Analecta*, núm. 229, 1987, pp. 111-121.

YOUSIF, Pierre, "La croix de Jesus et le paradis d'Eden dans la typologie biblique de saint Ephrem", *Parole de l'Orient*, núms. 6-7, 1975-1976, pp. 29-48.

______, "Symbolisme christologique dans la Bible et dans la nature chez S. Ephrem de Nisibe", *Parole de l'Orient*, núm. 8, 1977-1978, pp. 5-66.

______, "Le symbolisme de la croix dans la nature chez saint Ephrem", *Orientalia Christiana Analecta*, núm. 205, 1978, pp. 207-227.

______, "St. Ephrem on Symbols in Nature: Faith, the Trinity and the Cross (*Hymn on the Faith*, núm. 18)", *Eastern Churches Review*, núm.10, 1978, pp. 52-60.

______, "La vierge Marie et l'eucharistie chez saint Ephrem de Nisibe et dans la patristique antérieure", *Études Mariales*, núms. 36-37, 1978-1980, pp. 49-80.

______, "Histoire et temps dans la pensée de saint Ephrem de Nisibe", *Parole de l'Orient*, núm. 10, 1981-1982, pp. 3-35.

______, *Le eucharistie chez saint Ephrem de Nisibe. Orientale Christiana Analecta*, núm. 224, Roma, Pontificio Instituto Orientale, 1984.

______, "Foi et raison dans l'apologétique de saint Ephrem de Nisibe", *Parole de l'Orient*, núm. 12, 1984-1985, pp. 133-151.

______, "Marie et les derniers temps chez saint Ephrem de Nisibe", *Études Mariales*, núm. 42, 1985, pp. 31-55.

______, "Le sacrifice et l'offrande chez saint Éphrem de Nisibe", *Parole de l'Orient*, núm. 15, 1988-1989, pp. 21-40.

______, "Parole et silence chez saint Éphrem de Nisibe", *La Maison Dieu*, núm. 226, 2001-2002, pp. 95-114.

ZAYEK, Francis, *De Psychopannychia in Ecclesia Syriaca*, tesis doctoral, Roma, Pontifical University of the Propagation of the Faith, 1948.

ZIADE, Ignace, "Syrienne (Église), Théologie Sacramentaire", *Dictionnaire de Théologie Catholique*, Vol. 14, parte 2, París, Letouzey et Ané, 1941, pp. 3047-3070.

Índice analítico

Esta edición consta de 500 ejemplares y se imprimió
el 9 de junio de 2020,
memoria litúrgica de San Efrén, Diácono y Doctor de la Iglesia,
en la imprenta Ultra Digital Press, S.A. de C.V.
Ciudad de México, México.